Friedrich Schorlemmer (Hrsg.)

Lieben Sie Bach?

HERDER / SPEKTRUM
Band 5034

Das Buch

„Nicht Bach, Meer sollt' er heißen", sagte Ludwig van Beethoven. Und seitdem hat die Musik Johann Sebastian Bachs eine bleibende Faszination auf Musiker und Nichtmusiker ausgeübt – heute mehr denn je. Viele von ihnen haben sich von Werken wie der *Matthäuspassion,* dem *Weihnachts-Oratorium,* dem *Wohltemperierten Klavier,* der *Kunst der Fuge* oder den *Goldberg-Variationen* dazu inspirieren lassen, etwas über den Zauber der Bachschen Musik zu sagen. Dabei sind es die strahlende Klarheit, die geistige Strenge und tiefgefühlte Religiösität seiner Werke, die Bach zum „Luther der Musik" machen. So beschreibt beispielsweise Yehudi Menuhin die widerstreitenden Elemente in der Musik Bachs: „große Kraft ohne Gewaltsamkeit, Gefühl ohne Sentimentalität, vernünftige Ekstase oder nüchterne Trunkenheit ... und schließlich das Unmeßbare und Unendliche, übertragen in festes und ebenes Maß, als wäre das Gewebe von Träumen in Architektur verwandelt und die Geschichte der Menschheit in Melodie". Zum 250. Todesjahr hat sich Friedrich Schorlemmer bei heutigen Bachkennern und -liebhabern umgehört. Aus den Texten von Wolf Biermann, Pablo Casals, Hans-Georg Gadamer, Helmut Schmidt, aber auch von Klassikern wie Albert Schweitzer, Stefan Zweig, Hermann Hesse und vielen anderen wird spürbar: Bach hat tiefe Emotionen und zeitlose existentielle Fragen in himmlisch-irdische Musik verwandelt. Aus der Vielzahl der Stimmen wird deutlich, warum Bach so viele Menschen anspricht und worin das Geheimnis seiner Kunst besteht.

Der Herausgeber

Bekannt wurde der Pfarrer und Prediger Friedrich Schorlemmer als Regimekritiker und Bürgerrechtler in der ehemaligen DDR. Heute ist er Theologischer Studienleiter der Evangelischen Akademie Sachsen-Anhalt in Lutherstadt Wittenberg. Neben zahlreichen anderen Veröffentlichungen ist 1996 bei Herder erschienen: *Einschärfungen. Zum Menschsein heute.*

Lieben Sie Bach?

Geheimnis und Zauber seiner Musik

Herausgegeben und eingeleitet von
Friedrich Schorlemmer

Herder
Freiburg · Basel · Wien

Gedruckt auf umweltfreundlichem,
chlorfrei gebleichtem Papier

Originalausgabe

Herstellung: Freiburger Graphische Betriebe 1999
Umschlaggestaltung: Joseph Pölzelbauer
Umschlagmotiv: Georges Rohner, La musique (1988), Musee des Gobelins,
Paris, © VG Bild-Kunst, Bonn 1999
ISBN 3-451-05034-X

INHALT

Friedrich Schorlemmer: Einleitung 9

Eduardo Chillida: Gruß – saludo 13
Yehudi Menuhin: Bachs Handschrift 14
Hermann Hesse: Diese Musik ist Tao 18
Rose Ausländer: Bachfuge 19
Richard von Weizsäcker: Die verwandelnde Kraft der Musik . 20
Hans Werner Henze: Der Gottesmann Bach 24
Julien Green: Sechzig Jahre mit Bach 26
Hans-Georg Gadamer: Bach und Weimar 33
Günter Jena: Das gehet meiner Seele nah 38
Otto Daube: Vor deinen Thron tret' ich hiermit 42
Mauricio Kagel: Bach mit Heiligenschein 48
Carl Zuckmayer: Bachfuge 50
Wilhelm Furtwängler: Der Homer der Musik 51
Wolfgang Hildesheimer: Der ferne Bach – klar doch unerklärbar 55
Albert Schweitzer: Musik, die unsere Seele stille und reich macht 57
Stefan Zweig: Die metaphysische Gewalt der Musik 62
Helmut Schmidt: Bach ist nicht Geschichte, sondern Gegenwart und Zukunft 63
Lars Gustafson: Die Stille der Welt vor Bach 67
Pablo Casals: Die Quintessenz aller Musik 68
Oskar Loerke: Widmung. Zu den kleinen Tanzstücken J. S. Bachs 70

Karl Schaezler: Tänzerische Musik – arithmetischer Hintersinn 71
Wolfgang Rihm: Bestechende Tradition 73
Dimitrij Schostakowitsch: Tiefe Menschlichkeit und wahrer Humanismus 78
Wolf Biermann: Dies Stück ist meins 80
Johannes Bobrowski: J. S. Bach 82
E. M. Cioran: Musikalischer Gottesbeweis 84
Wilhelm Dilthey: Nichts Menschliches war ihm fremd . . . 85
Rundfrage: Was ist mir Johann Sebastian Bach und was bedeutet er für unsere Zeit? 88
Colombara: An einen Orgelmeister (Helmut Walcha) 94
Hans Werner Henze: Eine neue musikalische Sprache 95
Ton Koopman: Wir sind doch nur Bachs dumme Schüler . . . 104
Paul Hindemith: Bachs späte Melancholie 106
Yvan Goll: Fuge von Bach 111
Claus Caspers: Mysterium Bach 112
Yehudi Menuhin: Bach ist ein Mystiker 119
Hans Maier: Der „ganz andere" Bach 120
Oskar Loerke: J. S. Bach spielt Orgel bei Nacht 123
Nikolaus Harnoncourt: Die Matthäus-Passion – ein aufregend neues Werk 124
Peter Schreier: Bekenntnis und Besinnung 128
Hans Heinrich Eggebrecht: Präludium und Fuge von Bach . . 130
Alfred Einstein: Wenn Bach spricht, scheint die Musik zu sprechen 131
Alfred Döblin: Bemerkungen eines musikalischen Laien . . . 133
Willibald Gurlitt: Gott allein die Ehre 134
Joachim-Ernst Berendt: J. S. Bach und der Wal 137
Eckart Kleßmann: Johann Sebastian Bach im Herbst 139
Hermann Hesse: Eine Kindheitserinnerung 142
Karl Straube: Ein großer Esser und Trinker vor dem Herrn . . 144

Joachim Kaiser: Der Sturm dieser Töne 146
Oskar Loerke: Nach einer Orgelmusik von J. S. Bach 151
Yehudi Menuhin: Unverkennbar Bach 153
Eduardo Chillida: Immer derselbe und immer anders 155

Quellennachweis 156

EINLEITUNG
VON FRIEDRICH SCHORLEMMER

Gewiß, kein *Wort* vermag dem zu entsprechen, was bei Bach so unverwechselbar wie unübertroffen *Musik* geworden ist. Und doch will man ausdrücken, wie tief seine Musik berührt. Bach läßt uns die „Tiefen“ durchschreiten und sodann „in Höhen“ fliegen. In diesen Klängen fühlen wir uns aufgehoben. Seine Musik klärt das Innere und wirkt kathartisch. Die vollkommene Geformtheit seiner Kompositionen, die Ernsthaftigkeit und Strenge, die dynamischen Steigerungen und Wendungen seines Melodienreichtums eröffnen einen Kosmos in uns, wenn wir uns für die Vielfalt unseres eigenen Reichtums öffnen.

In dieser Text-Sammlung wird persönlich erzählt, es wird poetisch entfaltet und theoretisch nachgedacht. So entsteht ein farbiges Bild aus leichten, überraschenden und tiefgründig reflektierten Gedanken und Eindrücken. Das Religiöse kommt genauso zur Sprache wie das ganz und gar Welthafte – in Tagebüchern und Aufsätzen, aus Umfragen und in Gedichten. Persönliche Wirkungen, lebensgeschichtliche Erfahrungen und musikwissenschaftliche Erkenntnisse ergänzen sich. Dieser Band gibt so den Facettenreichtum der Äußerungen wieder, so wie Bach selber überaus facettenreich ist.

Unter den Autoren sind Musiker, die Bach selber gespielt, dirigiert oder gesungen haben, Komponisten und Dichter, die ihn verehren, Philosophen und Theologen, die ihm auf je ihre Weise nachsinnen.

Wie lassen sich Worte finden für das, was nur in Musik sagbar ist? Was mir bei Bach das Wichtigste, Nächste und Schönste sei, wüßte ich nicht zu sagen. Es ist so vieles! Ein Leben ohne Bach ist für mich undenkbar. Das Göttliche und Menschliche berühren sich auf eine so wundervolle Weise, verschränken sich und erheben sich miteinander.

Alles ist umfangen im Glauben – nicht befangen im Konfessionellen. Hier findet protestantische Frömmigkeit Ausdruck, wird Musik eingegliedert ins Kirchenjahr, in besonderer Weise verdichtet in den großen christlichen Festen und erreicht ihren Höhepunkt in der h-Moll-Messe.

Ausgegliedert aus lebendiger Liturgie und zur freien Kunst erklärt, verlieren die „religiösen Werke“ ihren Ort, ihre Zeit und ihren Raum und bestehen doch auch für sich, weil das Humanum überwiegt, weil das enge Dogma in weltumspannender Musik aufgehoben ist. Das bedeutet aber nicht, denke ich, daß die Johannes-Passion im Juni in einer Konzerthalle gespielt werden muß.

Alles hat bei Bach seinen Ort und seine Zeit:

„Wachet auf, ruft uns die Stimme“, von der Orgel und Trompete bearbeitet, läßt den Totensonntag nicht mehr trist erscheinen, und im „Actus tragicus“ wird alle Trauer aufgefangen, ohne daß man darin versinkt.

Das Weihnachtsoratorium zu hören bedeutet wirklich Weihnachten zu erleben. Ein schöneres Liebeslied – in einem tief religiösen Kontext – als die Arie „Bereite dich Zion“ gibt es für mich gar nicht. Bach verbindet Gegensätze auf unnachahmliche Weise. Immer wieder überrascht es mich, obwohl ich es seit langem *weiß*, wie er das Lied „Wie soll ich dich empfangen“ mit der Melodie von „O Haupt voll Blut und Wunden“ singen läßt. So macht er auf eine ganz unpädagogische Art auf den innersten Zusammenhang zwischen Krippe und Kreuz aufmerksam. Wie heilsam und ordnend wirkt das Air! Nicht von ungefähr nutzen dies Therapeuten in der Psychotherapie zur Tiefenberuhigung. Wie begeisternd und erschütternd ist es für mich, wenn ich die Toccata in d-moll höre – ob im Merseburger Dom an der Ladegast-Orgel oder im Brandenburger Dom an der Wagner-Orgel gespielt.

Bach fängt ganz groß an, wenn er die Johannes-Passion mit dem Psalm 8 „Herr, unser Herrscher, wie herrlich ist dein Name in allen Landen“ intoniert oder wenn die Pauken das Weihnachtsoratorium eröffnen. Hier wird musikalischer Genius wirklich.

Wer über die Lieder im Evangelischen Gesangbuch meditiert und die Choralbearbeitungen Bachs dazu hört, betritt den weiten Raum des Glaubens, lotet die Tiefen der Wahrheit aus und wird erhoben. Die Vorspiele zu „Vater unser im Himmelreich“ oder zu „Erhalt uns Herr bei deinem Wort“ geben dem Unaussprechbaren Sprache. Die Zeilen binden sich fortan an die Vertonungen.

Wenn Glenn Gould oder Pablo Casals Bach spielen, vergessen sie sich so sehr und sind so ganzheitlich von dieser Musik beseelt, daß das physische Nacherleben und das „Seufzen der Kreatur“ hörbar werden.

Ich kann es nicht vergessen, wie ich als 18jähriger abends mit der Kettenraupe auf den riesigen Schlägen der Uckermark pflügte und eggte und erst spät nachts zurückkam. Der ganze Körper vibrierte, und ich konnte nicht einschlafen. Dann redete ich mir gut zu: „Von dem Geld kaufst du dir Bach!“ Er wurde mir „Zukunftsmusik“. Ich konnte von dem verdienten Geld Schallplatten mit dem Violinkonzert (Interpret: Roman Totenberg), die „Brandenburgischen Konzerte“ und die Kantate „Ich will den Kreuzstab gerne tragen“ (mit Hermann Prey) erwerben und immer hören, wenn ich es brauchte und wollte.

Fast 40 Jahre habe ich diese Eterna-Platten nun, noch immer höre ich sie mit dem Knistern der Unvollkommenheit, aber mit Seele, ohne die Illusion des Vollkommenen, wie sie heutige CD-Qualität suggeriert.

Die Leserinnen und Leser dieser Sammlung mögen Freude daran haben, in großer Vielfalt das ausgedrückt zu finden, was auch sie persönlich mit Bach verbinden. Sie werden vielleicht ihre eigenen Empfindungen, ihre eigenen Aussagen, ihre eigenen Erfahrungen in den Sätzen anderer wiederfinden. Und sie werden – angeregt durch diese Texte – immer wieder den hören, der *unter* alles und *über* alles ein S. D. G. – allein Gott sei Ehre – gesetzt hat.

EDUARDO CHILLIDA

GRUSS – SALUDO

Johann Sebastian Bach.
Endlich wie die Wellen
unendlich wie das Meer
niemals unterschiedlich
aber auch niemals gleich.

YEHUDI MENUHIN

BACHS HANDSCHRIFT

Schaue ich auf Bachs Handschrift, so meine ich einen Himmelskörper in Bewegung zu sehen und Zeuge zu sein, wie sich eine Naturerscheinung entfaltet nach der unabänderlichen Weltordnung, in welcher der Mensch nur ein Bruchteil ist. Kein Wunder, daß wir Bachs Musik als universal empfinden.

Man sehe den kräftigen, unaufhaltsamen Fluß seiner Handschrift, einem Strome gleich, der sich unerbittliche zum Meer hin bewegt und doch, unendlich biegsam und fügsam, jedem Stein sich anschmiegt, jedem Hügel oder Berg und jedem geringsten Hindernis auf seiner Bahn.

Auch läßt sich sein Werk dem Keimen des Samens vergleichen, in dem die künftige Pflanze vorbestimmt ist bis in die kleinste Einzelheit von Art und Aufgabe und damit doch auch gebunden an ihre Gegebenheiten von Licht, Luft und Nahrung, dienend und beherrschend zugleich.

Die Vorstellung Bachs in seiner Musik ist umfassend: genau wie sich manche Leute einen Raum innerhalb eines Hauses vorstellen, andere ein Haus innerhalb einer Stadt und wieder andere die Stadt als Teil eines Landes, das Land als Teil einer Welt und die Welt als Teil des Alls, so waltet auch in Bachs Musik eine Vorstellung, die über das einzelne Werk hinausreicht. Diese Solo-Sonaten zum Beispiel sind in den sechs Tonarten abgefaßt, die für die Geige am günstigsten liegen, insofern sie ein Minimum an Vorzeichen aufweisen, und sie schreiten in einer sehr folgerichtigen Ordnung fort: g-Moll, h-Moll, a-Moll, d-Moll, C-Dur, E-Dur. Die beiden Tonarten mit der geringsten Verwendung der leeren Saiten werden für zwei Partiten mit einem Minimum vielstimmiger Schreibweise benutzt: die in E-Dur und h-Moll. Die größten Fugen, nämlich die in C-Dur und a-Moll, stehen in Tonarten ohne jedes Vorzeichen. Ein anderes Beispiel ist die große Vielstimmigkeit der Chaconne in d-Moll (mit nur einem Vorzeichen) und das Erscheinen des Dur-Akkords gerade in der Mitte der Komposition, genau vier Takte vor dem zweistimmigen Choralteil in Dur. Das beweist, daß Bach, sogar während er komponierte, sowohl bewußt wie instinktiv genau gefühlt hat, wo er mit einem umfassenden Plan übereinstimmte, der oft sogar größer war als das Werk selbst.

Wie seine Musik zeitlos ist und auch seine Handschrift, die nur automatisch seine Impulse spiegelt, so ist ihr auch eine universelle Gegenwart eigen – eine lautere Eigenschaft, ein Aufleuchten, das mehr ist als ein photographischer Blitz, denn sie existiert, anders als Photographie oder Gemälde, zugleich in Zeit und Raum. Wie ein Gemälde eine ideale Ordnung des Raumes gibt, so bietet diese Handschrift auf ihre eigene Weise, ebenso wie die Musik, eine ideale Ordnung der Zeit. (Ganz abgesehen von der außerordentlichen Art, in welcher der Raum auf dem gerade greifbaren Papier gegliedert ist.) Es ist übrigens nicht allein die Zeitdauer der Aufführung, die ich meine, sondern auch die Zeit des Schaffensvorganges – obwohl im Falle Bachs, wie bei Mozart auch, sich beide ziemlich nahekommen dürften.

Dieser Handschrift steht man wie dem Unmittelbaren gegenüber. Da wir von Bach keine Schallplatten besitzen, so ist diese Schrift für uns ein noch viel wichtigeres, lebendigeres Testament, worin wir seinen Urschaffensprozeß in unwillkürlicher Geste und Bewegung wie in einem fast greifbaren Bild verfolgen können.

Man sehe, mit welcher Klarheit, Unabhängigkeit und doch Unterordnung unter das Ganze jede Stimme geführt und aufgezeichnet ist. [...]

Wie wir das scheinbare Paradoxon, in Wahrheit aber das tatsächliche Gleichgewicht widerstreitender Elemente erkannt haben als die gleichzeitig vorhandene Unabhängigkeit und Unterordnung jeder Stimme (Unabhängigkeit aus der Überzeugung, daß jeder Teil unsterblich ist, und Unterordnung aus der Überzeugung, daß er dennoch Teil einer größeren Einheit ist), so wollen wir die weiteren paradoxen Offenbarungen bewundern: große Kraft ohne Gewaltsamkeit, Gefühl ohne Sentimentalität, vernünftige Ekstase oder nüchterne Trunkenheit ... Der leidenschaftliche Ausdruck dieser Musik und dieser Handschrift, vermittelt durch eine ergreifende Einfachheit, wie zum Beispiel in Tönen einer Flöte oder Oboe; das Übermaß der Gefühle und die Tiefe der Gedanken, verkörpert in äußerster Ökonomie und schließlich das Unmeßbare und Unendliche, übertragen in festes und ebenes Maß, als wäre das Gewebe von Träumen in Architektur verwandelt und die Geschichte der Menschheit in Melodie. Bach ist unser Fleisch und Blut, wie es Christus ist.

Während nun Beethoven zum Beispiel seine Mitmenschen durch seine eigenen Gefühle entdeckte und begriff und wir uns in ihm wiedererkennen, entdeckte sich Bach in der Menschheit und durch ein Gefühl, das größer war als er selbst, und deshalb erkennt die Menschheit in Bachs Musik etwas wieder, das größer ist als sie selbst. Vielleicht kann man sagen, daß Beethoven, Schumann und die anderen Romantiker alle ihr eigen Fleisch und Blut zum Ausdruck gebracht haben. Bach steht auf einer anderen Ebene und wird in dieser Weite zum Sinnbild gleich seinem Gott.

Wir wenden uns zu Bach wie zu einer größeren Kirche, wie zu einem Heiland der Musik. Obgleich der Klang der Musik unantastbar ist, so daß man annehmen könnte, er sei nicht zu verderben, ist Bachs Musik doch gegen Mißdeutungen nicht gefeit, so wenig wie Christi Wort. Spätere Geschlechter haben nicht immer gehandelt, wie das *Wort* es gebietet.

Wie die edelsten Werke der Menschheit alle doch angewiesen bleiben auf Auge und Ohr, Sinne und Herzen derer, die sie erfassen, so ist auch Bachs Musik oft von vorübergehenden Moden entstellt worden.

Schuld ist auch hier die unselige menschliche Gewohnheit, welche die Leute zwingt, ein universales Prinzip zu einem endlichen Zweck herabzuwürdigen.

Glücklicherweise besitzen wir in Bachs Handschrift ein greifbares Zeugnis seines Wollens und Fühlens und können so jederzeit erinnert und zurückgerufen werden zum echten Buchstaben und zum Geist seiner Aussage.

HERMANN HESSE

DIESE MUSIK IST TAO

Du hast mir einmal eine Bach-Platte geschenkt, darauf ist ein Choral, ich glaube er heißt *„Ach bleib bei uns“*, der ist mir fast zur liebsten Musik der Welt geworden und paßt in meine innersten und besten Besinnungen und Stimmungen. Es ist jetzt schwer zu leben, sehr schwer, aber diese Musik ist ewig, wir haben teil an ihr, sie geht durch uns durch, und wenn die übrige Luft auf Erden, kaum mehr zu atmen ist, und so beengend nach Zyankali schmeckt, dann zieht unsre Seele immer noch aus Sachen wie diesem Choral ihre liebe Nahrung. Diese Musik ist Tao. Auch das nämlich ist eine der 1000 Erscheinungsformen des Tao: die vollkommene Form, die den „Inhalt“ verschluckt und aufgelöst hat und in sich selber schwebend nur noch atmet und schön ist. Man wünscht sich, diese Musik im Augenblick des Sterbens zu hören – vielmehr: so zu sterben wie diese Musik ist, so sich hinzugeben und dem Schweren zu entschweben und mit dem einen eins zu werden.

(Aus einem Brief vom Juli 1933 an Fanny Schiler)

Ostern vergeht, ohne daß ich einen Ton Musik höre. Ich hätte jetzt etwas Bach sehr nötig, das liebste wäre mir die Johannes-Passion, deren Schluß mir besonders lieb, oder wenn ein Klavier da wäre, und jemand mir den Aktus tragicus spielte.

(Aus einem Brief vom Frühjahr 1934 an Carlo Isenberg)

ROSE AUSLÄNDER

BACHFUGE

Die Bachfuge
fliegt in den Himmel
kommt zurück zu mir
fliegt in den Himmel

Mathematik
erklärt eine Stimme

Ich weiß nicht
will nichts wissen
wieviele Köpfe auf Flügeln
welche Geschwindigkeiten
ich zähl nicht
die Zahlen

Bach
mein Blutstrom
zum Himmel

RICHARD VON WEIZSÄCKER

DIE VERWANDELNDE KRAFT DER MUSIK

(Ansprache beim Internationalen Musikfest Stuttgart 1985)

Musizieren und Musik zu hören ist schöner als über Musik zu sprechen. Aber es ist schöner, von Musik als von anderen Themen zu reden.

Wie oft haben wir schon Veranstaltungen mitgemacht, bei denen die Musik laut Programm den Rahmen bildete. Und dennoch war sie zumeist schöner als das, was sie nur einzurahmen bestimmt war. Heute sind wir allein um der Musik willen versammelt, und da mag es erlaubt sein, die Musik mit Worten einzurahmen, die ihrer Huldigung gewidmet sind.

Das sind zunächst Worte des Dankes. Bei der Musik von Schütz, Bach und Händel ringt das übervolle Herz mit der Sprachlosigkeit, die ihr Erlebnis erzeugt. [...]

Musik unterscheidet sich von anderen Kunstgattungen vor allem dadurch, daß sie der Resonanz bedarf, um zu leben. Geschaffen wird dieses Leben zunächst durch die Komposition. Die Jubilare, die wir in diesem Jahre feiern, sind große Schöpfer. Sie haben einen prägenden Einfluß auf die Kultur schlechthin. Wir begreifen in Europa ihre Musik als herausragende Teil unseres geschichtlichen Werdens.

Aber um leben zu können, bedarf Musik der Wiedergabe. Damit es Musik gibt, muß die Komposition gesungen, gespielt, gehört werden. Interpretation und Verständnis sind in ganz eigener und unvergleichlicher Weise an dieser Kunstart beteiligt. Resonanz läßt nicht nur Musik lebendig sein und bleiben; wahrscheinlich ist sie auch für die Entstehung der Kompositionen von ausschlaggebender Bedeutung. Die musikalische Schöpfung selbst ist kaum denkbar ohne die Kunst der Interpretation und das Verständnis der Hörer.

Damit meine ich nicht nur die vielen großen Kompositionen, die in Gedanken an bestimmte Künstler geschaffen wurden. Ich denke auch nicht nur an die vielen klassischen Werke des Gesanges und der Kammermusik, die ausdrücklich für die Hausmusik entstanden sind. Vielmehr glaube ich, daß Musik in besonders hohem Maße Ausdruck einer ganzen Kultur und Zeit ist und daß sie geistige und soziale Strömungen ihrer Epoche widerspiegelt. Die Komposition bedarf also nicht nur der Wiedergabe, sie ist auch selbst Resonanz eines Ganzen mit seiner kulturellen und seelischen Situation. [...]

Musik kommt der Erkenntnis dessen, was die Seele ist, am nächsten. Sie erhebt den Menschen über den Vordergrund seiner Erlebnisse, im sakralen Bereich wie im weltlichen Fest. Sie wird laut Herder zur „Offenbarung des Unsichtbaren". „Da aber", um Georg Picht zu zitieren, „das Unsichtbare der Raum der Gottheit ist, bleibt die Musik immer noch die Sphäre der unmittelbarsten Begegnung mit dem Göttlichen, von dem auch im profanen Bereich die festliche Musik ihren Glanz, die Tanzmusik ihre hypnotische Macht und die Spielmusik den Zauber entleiht, durch den sie das Spiel der Wirklichkeit entrückt."

So war es schon in frühgeschichtlichen Kulturen mit der beschwörenden Kraft der Musik. Auch heute geht es um die selben tiefen Quellen. Es wird nur anders ausgedrückt. Stockhausen sagt, seine Musik diene der Vorbereitung auf die Ankunft von Wesen von anderen Sternen.

Dem inneren Erlebnis der Musik durch den Menschen entspricht ihre Wirkung auf das Zusammenleben, ihre Kraft, Grenzen zu überwinden. Gewiß, es ist viel geforscht und geschrieben worden, um den nationalen Charakter von Musik darzutun. Schon Telemann feierte Bach als Beispiel gegen das „Welschland". Zumal das

19. Jahrhundert entfaltete manchen patriotischen Enthusiasmus und später gar Chauvinismus mit der Musik.

Musik gibt von der Seele Nachricht von der Befindlichkeit des Menschen, damit aber auch von seiner Art und seinem Volk. Jeder von uns hört Wesenszüge eines Volkes heraus bei Verdi etwa oder Smetana, bei Wagner oder Debussy.

Aber in der Musik tritt das Wesen des Menschen mit seinen Gefühlen hervor, seinen Zuneigungen und Sorgen, seinem Schicksal, dagegen weniger mit seiner Politik oder seinem gesellschaftlichen System. Musik hat ihre ganz eigene Sprache. Jede für sich ist unverkennbar in ihrer Wesensart, und dennoch bedarf sie der Übersetzung nicht. Überall kann sie verstanden werden.

Ein Künstler erzählte mir, er sei in Tokyo vor der Aufführung der Matthäus-Passion gefragt worden, ob es notwendig sei, die Botschaft des Evangelisten Matthäus zu glauben, um das Werk der Matthäus-Passion von Bach zu begreifen. Es ist schön, daß solche Frage gestellt werden. Sie zeugen davon, wie das Verständnis musikalischer Werke in der für sie angemessenen Dimension gesucht wird. Der Japaner kann es gewiß finden, auch ohne als Christ an das Evangelium zu glauben. Zum Glück hat er nicht die Formel gebraucht, die hierzulande bekannt geworden ist: „An Gott zweifeln, an Bach glauben." Denn ich kann nicht finden, daß dieser Ratschlag die Sache trifft.

Zunächst ist zu sagen, daß Zweifel viel mit Glauben zu tun hat. Die Bibel selbst gibt darüber vielfache Auskunft. Sodann geht es wohl kaum um den Glauben an Bach; er hätte dies vermutlich sehr befremdlich gefunden. Es geht auch nicht unbedingt um eine gläubige Haltung zu Bachs Glauben. Wohl aber kommt es auf ein Verständnis dafür an, welche zentrale Bedeutung für Bach sein Glauben hatte.

Musik widerlegt nicht die Barrieren, die es unter uns Menschen gibt. Sie erspart uns nicht die Auseinandersetzung mit den Ursachen und Folgen, mit dem Recht und Unrecht von Grenzen. Aber Musik hält sich nicht daran. Sie überwindet den Absolutheitsanspruch einer Grenze. Damit verbindet sie Menschen über alle Schranken hinweg in einem tiefen Sinn, über Grenzen politischer Macht, über Zäune des Glaubens, über die Gräben der Ideologien und über die Distanz der Generationen und der Zeit.

Die Musik spricht in allen Sprachen. Das Ohr nimmt die Grenzen nicht wahr, und dabei hört es bei der Musik feiner und genauer als beim gesprochenen Wort. Es ist wie eine Art Pfingstwunder: Bei der Musik hören die Ohren in allen Sprachen. [...]

Zum Glück ist Musik eine Kunst, die die Menschen nicht in Prediger und Angepredigte aufteilt. Alle sind beteiligt. Der Schöpfung des Werkes durch den Komponisten folgt die Neuschöpfung durch den Interpreten. Indem er mit seiner Kunst den Hörer selbst dazu bringt, die Resonanz auf die Musik in seinem Inneren zu erzeugen, wird auch dieser auf seine Weise schöpferisch tätig.

Das ist die verwandelnde Kraft der Musik. Sie erzeugt und sie bedarf der Wiedergabe, in der sie selbst immer neu entsteht. So lebt die Musik von uns und wir von ihr.

HANS WERNER HENZE

DER GOTTESMANN BACH

Mein Vater muß wohl meinen literarischen und musikalischen Interessen mit einer gewissen pädagogischen Aufmerksamkeit gefolgt sein und sie sogar ein wenig gesteuert haben – auch wenn wir dann leider nie über Bücher oder Musik oder sonstwas sprachen. Ich habe nie herausbekommen, was der Grund für dieses Maß an Distanz, Nichteinverständnis und Kälte zwischen uns war. Dann wiederum schenkte er mir irgendwann zu Weihnachten, wo in den Familien in der Regel so was wie ein Waffenstillstand ausbricht, das Notenbüchlein der Anna Magdalena Bach, wieder in einer sehr schönen Ausgabe. Nachdem ich alle Stücke spielen konnte, die darin standen, und sie im Kopfe behalten hatte, war mir der Weg zu Bach geöffnet. Wo immer in den Städten Bünde, Bielefeld oder Herford Orgelmusik aus einer Kirche tönte, setzte ich mich hinein und hörte dem übenden Organisten zu. Auch vorbachsche Meister wie Buxtehude und Pachelbel fand ich wunderbar in ihrer herben, bitteren Strenge. Die Bachsche Musik war für mich so etwas wie ein Licht in der Düsternis meiner Gegenwart, das sie mit feierlichem Ernst, aber auch mit Optimismus versah; es war das Gerechte und das Wahrhaftige, das Richtige und das Tröstende, das Heilbringende. Nicht von ungefähr kommt es, daß ich nach dem Krieg evangelische Kirchenmusik, also vorwiegend Bach, studiert habe. In früheren Zeiten, als ich noch regelmäßig übte, wußte ich eine gute Anzahl Bachscher Tastenmusik auf dem Klavier vorzutragen. Ein Komponiertag begann für mich fast regelmäßig und auch heute noch oftmals mit Bach, zur Einübung, Einstimmung gewissermaßen.

Seine Musik weiß von einer besonderen Kultur, von den Anfängen des deutschen Bürgertums, sie weiß von der Gotik wie von den damals modernen Italienern und spricht mit Engelszungen vom Lutherschen Christentum und von der zu diesem Christentum gehörigen Malaise, von den Bitternissen und vom Opfermut, mit denen Leid getragen und erduldet werden kann und muß. Ein guter Christ, soviel habe ich verstanden, muß das Leben als einen einzigen keuschen und entbehrungsreichen Leidensprozeß begreifen. Alles ist verboten, von den Quintenparallelen bis zur Polygamie, von der Spökenkiekerei bis zum Umgang mit Andersdenkenden. Davon kommt allerdings beim Gottesmann Bach nichts vor, Gott sei Dank.

JULIEN GREEN

SECHZIG JAHRE MIT BACH

(Aus den Tagebüchern)

Vor acht Tagen mit Robert in einem geistlichen Konzert. Die *Johannespassion* von Bach. Als ich die Stelle „Ich folge dir gleichfalls, mein Heiland, mit Freuden" hörte, kam es mir vor, als ob sich meine Seele erhöbe, um Jesus nachzufolgen. Es lag eine schreckliche Kraft in der Sanftmut dieses Rufes.

10. 4. 1926

Viel an manche Chorstellen der *Matthäuspassion* gedacht. Nirgendwo ist Bachs dramatische Kraft größer, als da, wo er die Menge zu Wort kommen läßt. Wenn das Volk etwa sagt: *„... So steige er nun von seinem Kreuz, so wollen wir ihm glauben ...",* werden diese Worte so schnell gesprochen, als wären sie nicht aufrichtig. *„Ist er der König Israels ..."* wird mit einer gewissen spöttischen Emphase gesagt; man sieht Leute am Fuße des Kreuzes die Arme öffnen und sich mit geheuchelter Ehrerbietung verbeugen: *„... denn er hat gesagt: Ich bin Gottes Sohn".* Und der Chor nimmt genau die tonlose, mechanische Stimme des Schülers an, der eine langweilige Lektion aufsagt. Diese heftigen Gegensätze wirken erschütternd durch ihre Wahrheit.

4. 12. 1932

Wenn man doch nur wüßte, daß der ganze Himmel in unserer Brust Platz findet und der Ewige in uns ruht, daß die Stimme des Universums jeden Augenblick zu uns spricht, im Plätschern des Regens, im Gesang eines Vogels, in den paar Strichen, die ein Künstler flüchtig auf ein Blatt Papier skizzierte, in einem Präludium von

Bach ... Nur die Stummen und Blinden gehen durchs Leben, ohne von seiner unentwegt hervorbrechenden Schönheit überwältigt zu sein.
8. 11. 1937

Ich hörte mir das „Kyrie" der *Messe in h-Moll* von Bach an und erinnerte mich an den Tag im Jahr 1921, als ich zum erstenmal eine Bachmelodie spielen hörte. Spielen ist nicht unbedingt das richtige Wort. Ein Musiklehrer hatte sich ans Klavier gesetzt, um uns von Bach zu erzählen, und er hatte mit einer Hand die ersten Takte eben dieses „Kyrie" angeschlagen. Beim Hören dieser gänzlich schmucklosen Phrase kam es mir vor, als dränge ich in eine unbekannte Welt ein. Nie hatte ich etwas Vergleichbares gehört, nie etwas, was mir schöner erschienen wäre als diese fünfzehn oder zwanzig Töne, die in der Stille erklangen; sie erinnerten mich an die Schritte einer riesigen Menge, die sich in trübem Licht vorwärtsbewegt, einer demütigen und zugleich schmerzerfüllten Menschheit, die in einem großen dunklen Land ihren Weg sucht. Es war, als würde mir die Musik auf einmal offenbart.
21. 10. 1941

Mit Robert lange Unterhaltung über die Musik. Ich wiederholte ihm, daß das unbedeutendste Lied von Schumann mich packt und daß Bachs Musik wie der Einfall des Glaubens in die Seele ist. Wagner dagegen geheimnisvoll *äußerlich* bleibt, gleichviel, welche Bewunderung, welches Staunen er auslöst.
3. 3. 1951

Sonntag morgen habe ich die wunderbare Bach-Kantate gehört: *Ach wie flüchtig, ach wie nichtig.* Wunderschönes Präludium, das die Aufgeregtheit der Welt darstellt, eine äußerst heftige Musik, die uns alle drei entzückt hat und mir den großen Wunsch eingegeben

hat, anders zu leben. Aber was bedeutet das: anders zu leben? Die Welt zu verlassen? Und wenn man es nicht soll?
Im November 1953

Zwei Bach-Kantaten mit Anne und Robert angehört, *Ich bin vergnügt* und *Gottes Zeit ist die allerbeste Zeit,* wunderbar gesungen. Bei Bach ist das Gefühl beinahe nie ein menschliches, doch es genügen ihm wenige Noten, um uns in die Welt des Absoluten, die die seine ist, zu versetzen. Ich frage mich, wie es möglich ist, ihn zu hören und nicht zu glauben. Gestern sagte mir jemand, ich sei zu ernst. Aber ernst heißt nicht traurig. Ich bin nicht traurig, im Gegenteil, ich fühle, wie in mir eine souveräne Freude aufsteigt, die mich den Tod, das Alter, das Nichts leugnen läßt.
15. 3. 1954

Bach gehört. Wo fand er diese kleinen, geheimnisvollen Arien, die aus einer anderen Welt zu stammen scheinen, wie in der Kantate Nummer 170, deren letzte Arie mit den Worten beginnt: *Mich ekelt das Leben?* An anderen Stellen ruft er nur Bewunderung hervor (beispielsweise bei dem Chor, der die Kantate *Ich hatte viel Bekümmernis* abschließt), doch bei diesen ruhigen Melodien meint man, es wäre Gottes Stimme selbst, die man hört. Die Stelle, an die ich denke, erinnert an eine Stimme, die hinter einer schweren Tür singt. Und es gibt diese andere Stelle über die Stunde des Todes, die eines Tages schlägt, und bei der man das Ticken einer Uhr hört.
27. 7. 1954

Gestern abend die Kantate *Ich hatte viel Bekümmernis* gehört. Die Musik ist immer noch schön, aber nicht mehr neu; daß ich sie zum erstenmal hörte, ist lange her, und mein Ohr hat sich an diese wunderbaren Tonsätze gewöhnt. Nur Gott ist immer neu.
18. 12. 1956

Gestern abend hörte ich mit Robert den Chor der Kriegsknechte in der *Johannespassion: Lasset uns den nicht zerteilen, sondern darum losen, wie er sein soll.* (Es handelt sich um den ungenähten Rock.) Diese Musik ist von schrecklicher und rätselhafter Schönheit. Hinter diesen Stimmen ist gleichsam das emsige Summen eines Webstuhls zu vernehmen. Dieses Stück enthält eine so starke, so gebieterische innere Wahrheit, daß sie fast Bestürzung hervorruft, aber wie oft hat man bei Bach nicht das Gefühl, Gott selbst greife ein ... Ich finde keine anderen Worte, um auszudrücken, was man nicht richtig verstehen wird, wenn man es nicht selbst erfahren hat.
5. 3. 1957

Niemand hat die menschliche Traurigkeit besser zum Ausdruck gebracht als Bach in der Cellobegleitung von *Es ist vollbracht,* eine bedrückende Traurigkeit, die mir wohlbekannt ist.
11. 6. 1961

„Ich bin jemand, der an anderes denkt", sagte Hugo. Die Musik läßt einen an anderes denken, spricht nur von anderem. Man lauscht ihr, und sie berichtet von jenem *unaussprechlichen anderen,* das sie so unnachahmlich wiedergibt. Bei Bach ist Gott dieses *andere.* Man kann nur Andeutungen machen. Die Poesie deutet nur an. Sie drückt sich klar aus (wenn nicht, ist sie einfach schlecht), doch sie spricht von etwas anderem.
12. 10. 1964

Man wirft mir vor, die Opfer nicht zu lieben. Ich kann nichts dafür. In letzter Zeit habe ich abends Bachkantaten gehört mit Anne, die nähte und dabei den Text in einer Partitur verfolgte. Mir war, als sei alles, was mir Musik zu geben vermag, darin enthalten. Die formale Schönheit hat hier ihren allerhöchsten Grad erreicht, und der ganze

Glaube spricht daraus. Das ist das Universum, in dem es mir behagt. Man kann noch so viele Fehler begangen haben, immer ist da jene Freude Gottes spürbar, die hindurchweht wie der Wind durch die Bäume. Ich bin die Espe, deren Blätter allesamt erzittern, sobald dieser Hauch sie streift.

19. 10. 1965

Das Credo der *h-Moll-Messe* von Bach. Die Explosion des *Resurrexit,* dieser jähe Ausbruch der Freude, der einen erheben läßt, der siegreiche, frohlockende Glaube, den wir noch gekannt haben und der heute so tragisch bedroht ist. Wir wehren uns in der Dämmerung.

25. 11. 1973

Eben eine Bach-Kantate gehört, die mir den Frieden wiedergegeben hat. Diesem kraftvollen, herzlichen und vertrauensvollen Glauben will ich mich anschließen. Jemand in mir sagt von ganzem Herzen ja.

20. 2. 1974

Beim Anhören der *Pfingstkantate* von Bach sagte ich mir, daß sich eine bestimmte Art der religiösen Emotion nur bei den Protestanten findet. Bei uns Katholiken ist es ganz anders. Die Emotion kann stark sein, doch sie hat nicht diesen persönlichen Ton, der einem die Kehle zuschnürt.

25. 8. 1974

Mozarts *Laudate Dominum.* Banal zu sagen, daß die Schönheit alles in diesem Genre übertrifft, ebenso wie das *Ave verum,* doch müßte man die religiöse Sensibilität des 18. Jahrhunderts haben, um davon ergriffen zu sein. Wie es gestehen? Ich lausche, ich bewundere, und ich fühle nichts. Bach hingegen spricht eine Sprache, die einem zu

Herzen geht, eine Sprache, die einem den Glauben gibt. Man sagt mir: „Das liegt daran, daß Mozart nicht gläubig war oder zumindest nicht besonders gläubig war." Darauf weiß ich nichts zu erwidern. Der Jubel des Ohrs erreicht bei mir das Herz nicht.
3. 11. 1984

Mit der gleichen Ergriffenheit wie vor zwanzig Jahren die *Kantate Nr. 84. Ich bin vergnügt,* und den großen *Actus Tragicus* gehört, das Jugendwerk, in dem die Weisheit ihren tausendjährigen Gesang anstimmt. Ich hatte unrecht, als ich nicht mehr fast täglich Bach hörte, wie ich es in den Vierzigern tat. Er hat mich meine Religion gelehrt.
14. 11. 1984

Heute morgen in dem aus dem 11. Jahrhundert stammenden Dom in Hildesheim, dessen sich die Lutheraner bemächtigten. Eine kraftvolle Stimme, die Stimme eines Engels, doch eines Engels der Apokalypse, ließ eine Melodie aus Bachs *Hochzeitskantate* zu diesen endlosen Gewölben aufsteigen. Die Wirkung war außerordentlich, weil so überraschend und übernatürlich, als wäre plötzlich das Göttliche über eine düstere Welt hereingebrochen. Die Stimme war so herrlich, daß sie mich mit allen großen menschlichen Stimmen versöhnte, vor denen ich immer geflohen bin. Wie ihre alles bezwingende Kraft beschreiben? Sie verbreitete Glanz unter diesem großartigen, im 13. Jahrhundert ausgemalten Deckengewölbe. Sie schrie vor Gottvertrauen, vor Glauben und Liebe ...
12. 10. 1985

Alle großen katholischen Messen sind austauschbar, ob von Mozart oder Gounod, von den Größten oder weniger Großen, *es ist das gleiche,* mit ungeheuren Unterschieden in der Güte erzielen sie die gleichen Wirkungen. Die einzige Ausnahme bildet meines Wissens

die von Rossini, die gänzlich seinem wiedergefundenen katholischen Herzen eines jungen Italieners entspringt. Die lutherische Messe Bachs, die unnachahmliche, ist nicht von dieser Welt.
9.11.1985

HANS-GEORG GADAMER

BACH UND WEIMAR

Bach und Weimar, bezieht sich das nicht noch in einem anderen Sinne aufeinander als in dem der Bachbiographie und der Bachforschung? Benennen diese beiden Namen nicht zwei tragende Pfeiler unseres ganzen geistigen Seins? Weimar, das Weimar Schillers und Goethes, das einst auch das Weimar Johann Sebastian Bachs gewesen ist, trägt es nicht wahrhaft allein noch die Trümmer dessen, was wir sind? Mit ihm hebt unsere dichterische Gegenwart an; was dahinter liegt, ist fast ausschließlich Vergangenheit. Die Spannweite der geistigen Gegenwart eines Volkes aber entscheidet über die Möglichkeit seiner Zukunft. Bedenkt man dies mit sorgendem und hoffendem Sinne, so beginnt einem sogleich auch das ungeheure Gestirn Johann Sebastian Bachs aufzustrahlen. Denn seine Musik bezeichnet nicht minder scharf und entschieden eine Grenze unserer geistigen Gegenwart. Wie im Dichterischen selten etwas hinter die großen Weimarer Dichter zurückreicht – Luther und Lessing selbst sind uns kaum anders vernehmlich denn durch die Sprachwelt unserer klassischen Dichtung – so ist unser musikalischer Vergangenheitshorizont durch das gewaltige Massiv der Bach'schen Musik förmlich begrenzt, und nur wenige Kenner haben das rechte Ohr für Heinrich Schütz oder gar die großen niederländischen Zeitgenossen Martin Luthers. Johann Sebastian Bach ist der erste der großen Klassiker der deutschen Musik. [...]

Klassisch ist nicht etwas von sich selbst her Bleibendes, sondern ein immer aufs Neue Belebtes, das immer neue Gegenwart für uns gewinnt. Wie Goethe und Schiller, wie Beethoven und wie Bach.

Denn auch die Musik des großen Thomaskantors ist von einer für uns unerschöpflichen Gegenwärtigkeit, so sehr sie auch Ausdruck eines fürstlichen Zeitalters ist, das uns fremd wurde, das die Sprache einer Glaubensfestigkeit spricht, von der uns eine Welt des Zweifels oder der entschlossenen Eigenmächtigkeit trennt.

Daß das für Bach gilt, ist aber um vieles wunderbarer, als daß es für Beethoven oder für Goethe und Schiller gilt. Denn diese genialen Individualitäten, Manifestationen des schöpferischen Genies der Neuzeit, haben mit sich selber eine Kette unablässiger Wirkung, Schätzung und Nachfolge eröffnet, die uns in die Gliederfolge ihres Fortlebens förmlich eingeschmiedet hält, ja, sie selbst sind mit dem Bewußtsein tätig gewesen, ein neues Bleibendes in ihren Werken und mit ihrem Wirken zu schaffen. Sie beseelte ein Stiftungsbewußtsein von monumentaler Selbstgewißheit. Johann Sebastian Bach dagegen, bei allem Ansehen und Ruhm, die er erwarb, wurde von seinen Zeitgenossen und Nachfahren schnell vergessen, schneller noch vergaß er sich selbst, indem er mit sorgloser Verschwendung immer neue Werke schuf, zu Gehör brachte und beiseite tat, wie ein redlicher Handwerker, dem jedes Stück ersetzbar schient durch neuen Fleiß und neues Gelingen. Und dennoch ist auch er in einem schöpferischen und bis heute unabgeschlossenen Vorgang des Wiederfindens in jene Reihe der bleibenden, der klassischen Meister der deutschen Musik eingerückt und gewinnt von Jahrzehnt zu Jahrzehnt an innerer Mächtigkeit in aller Welt. So wandelt sich uns das Thema ‚Bach und Weimar' in eine Frage, die ebensosehr auf die Gestalt des großen Meisters der Töne zielt wie auf uns selbst. Wie geschah es, oder besser: wie konnte es geschehen, daß auch er zum Klassiker wurde, zu einer verbindlichen Gegenwart unserer Tage und einem Unterpfand der Zukunft unserer Kultur? [...]

Was ist es, woraus Bachs Musik heute so lebendig ist – was ist es, woraus wir heute leben? Längst ist es nicht mehr die Herkunft aus schlichter lutherischer Frömmigkeit, die hier als Antwort genügen kann. Wahr ist es freilich, daß Johann Sebastian Bachs Musik in ihren weltlichen und geistlichen, vokalen und instrumentalen Formen aus dem gleichen reinen und klaren Metall ist und überall Gottes Ehre meint. Wahr ist es auch, daß diese Musik eine Musik der Innerlichkeit ist, wie sie nur auf dem Boden des Christentums und seiner reformatorischen Erneuerung erwachsen konnte. Aber ihre Gültigkeit reicht ebensoweit über diese ihre Ursprünge hinaus, wie auch sonst die Geschichte der menschlichen Innerlichkeit über ihren christlichen Ursprung hinausgeht. Es ist weit von der sich im Tonraum des gregorianischen Chorals aufbauenden Vielstimmigkeit der Niederländer bis zu Bachs den Affekt der Worte in die Ordnung der Form fügendem Aufbau – weiter aber, als wir heute glauben, ist es noch von diesen baumeisterlichen Werken des Thomaskantors zu den mächtigen Konfessionen Beethovens oder Bruckners. Der Innenweg der modernen Seele hat manche Kehre, kaum eine, die uns so an eine Umkehr mahnt wie das Werk Johann Sebastian Bachs. Es ist eine Kunst von unerschöpflichem Reichtum des Ausdrucks, die von der Innigkeit des sich mit sich unterredenden Gemüts bis zur Äußerlichkeit tonmalerischer Nachahmung reicht. Aber weder das Ausdrucksstreben einer sich in sich vertiefenden Innerlichkeit gibt ihr ihr Gesetz noch gar das Reizwerk klangbildnerischer Effekte. Diese Musik steht an Stimmungskraft keiner anderen nach, und doch ist sie in ihrem Wesen verkannt, wenn man sie als Ausdruck von Stimmungen oder Gefühlen auffaßt und auslegt. Auch wo sie sich bis zum dramatischen Gespräch agierender Menschen erhebt, wie etwa in der Passionsmusik, oder zur Zwiesprache der trostsuchenden Seele mit dem Wort der Verkündigung und der Zuversicht der Gemeinde, ist ihr Gesetz nicht das der Unmittelbarkeit seelischen Ausdrucks. Jede psychologische Interpretation ist daher widrig. Es ist, als ob die sich aussprechende und auslebende Subjektivität, das individuelle Gesetz der Persönlichkeit, hier noch nicht freigegeben würde und keine formbildende Geltung besäße wie in der späteren klassischen und romantischen Musik. Das Gesetz dieser Musik ist vielmehr eine überindividuelle Ordnung. Sie ist eine Musik der Innerlichkeit, aber niemals bloßer Ausdruck eines Innern. Es kann nichts erklären, wohl aber ist es verdeutlichend, wenn man Bachs Bindung an sein göttliches Instrument, die Orgel bedenkt. Auch ihre Stimmen singen, aber was in ihnen singt, sind nicht Stimmen, in denen ein einzelnes Wesen sich ausdrückt – es sind Instrumente, in denen sich die große Form dieser Musik aufbaut. Auch die Singstimme hat ihre ganze Bestimmung in der gegenständlichen Darstellung der musikalischen Architektur.

Das ist es, was uns an dieser Musik so anrührt und mahnt: sie hat Ausdruck von gewaltiger Intensität, aber sie ist dennoch keine Ausdruckskunst. Im Wesen des subjektiven Ausdrucks liegt ja, daß das, was sich da ausdrückt, gerade nicht ins gegenständlich Äußere übertritt, sondern in sich selbst beschlossen bleibt. Ein jeder Ausdruck macht das Verschlossene als Verschlossenes offenbar. Jede Geste bezeugt ein Geheimnis. Nur was für sich ist und bleibt, kann sich äußern, um sich aus jeder Äußerung zurückzunehmen in sein fortwebendes Fürsichsein. Bachs Musik aber ist stets ganz Ausdruck, ganz Wirklichkeit, ist Ausdruck des Ganzen, ist Wirklichkeit des Ganzen, Gottes, des Menschensohns, aber nicht einer einzelnen Menschenseele. Man hat von jeher mit einem gewissen Erstaunen beachtet, daß Bach sich der pietistischen Frömmigkeit verschlossen hat, in der die Seele mit Gott so vertraulich und menschlich umgeht. Daß diese pietistische Strömung seiner Zeit dem kunstvollen Musikstreben Bachs keinen äußeren Raum der Betätigung gestattet hätte, ist dafür eine ebenso äußerliche Erklärung wie die biographische Herleitung aus der lutherischen Tradition der Bach'schen Familie. Daß dieser fromme Musikus die Ehre Gottes in immer klarerer, immer umfassenderer Steigerung musikalischer Symmetrien und Responsionen, Spannungen und Lösungen suchte und nicht an der schlichten Gefühlsinnigkeit des Chorals allein sich genügte, in der er doch ein unübertroffener Meister war, das deutet auf das ursprüngliche Gesetz seines Geistes und seiner Frömmigkeit: Gott als den wahren Fürsten der Welt mit dem Äußersten dessen, was die Kunst vermag, zu ehren. Das Gewaltige und Erhabene seines Genius erscheint uns darin, daß er die weitesten Spannungen in der gewaltigsten Form zusammenzufassen vermochte, und in die kunstvolle Orgeltradition seiner Herkunft die neuen Zauberer der Monodie und damit die lockende und verführungsstarke Sprache unmittelbaren Seelenausdrucks einzuschmelzen wußte. Die fortspinnende Figuration des Orgelstils gewann durch die Einheit des monodisch pharasierten Themas eine neue architektonische Festigkeit und Größe. Er ist dem allein in sich selbst begegnet, dem die neueren Jahrhunderte erlegen sind bis zum Rande der Auflösung aller bindenden Form. Aber für ihn wurde jede Ausweitung der Sprache der Töne nur Anlaß zu neuem Triumph des Geistes und der Form. Die Seelengeschichte des Abendlandes hat in ihm einen ihrer großen Überwinder zu sehen. Die Welt der Gefühle zu formen und zu binden in die Ordnung des Geistes, das ist das Geheimnis seiner steigenden Macht über unsere Seele. [...]

Wir wollen die Probe auf das Exempel, das uns Bachs Musik darstellt, an einem Lichtblitz des greisen Goethe machen und damit das Weimar der deutschen Klassik auf das Weimar Johann Sebastian Bachs antworten lassen. Goethe hat einmal, als er durch Zelter mit Bachs Werk bekannt geworden war, mit seiner grenzenlosen Durchdringungskraft von Bach gesagt: „als wenn die ewige Harmonie sich mit sich selbst unterhielte, wie sich's etwa in Gottes Busen, kurz vor der Weltschöpfung möchte zugetragen haben. So bewegte sich's auch in meinem Innern, und es war mir als wenn ich weder Ohren, am wenigsten Augen, und weiter keine übrigen Sinne besäße noch brauchte".

GÜNTER JENA

DAS GEHET MEINER SEELE NAH

Häufig sagen mir Hörer nach einem Konzert: „Ich verstehe nichts von Musik, aber ich liebe sie." Ich antworte dann gern: „Was ist Ihnen in Ihrem Leben wichtiger, daß Sie jemanden lieben oder daß sie ihn verstehen?" Ich denke, das erste, aber auch das Wichtigste einem Kunstwerk wie einem Menschen gegenüber ist, daß man berührt, daß man fasziniert ist, daß ein Funke überspringt – wie beim Verlieben: unerklärlich zuerst, ja fremd oft erschreckend. Vor allem Begreifen steht das Ergriffensein.

„Mit nichts kann man ein Kunst-Werk so wenig berühren als mit kritischen Worten: es kommt dabei immer auf mehr oder minder glückliche Mißverständnisse heraus. Die Dinge sind alle nicht so faßbar und sagbar, als man uns meistens glauben machen möchte; die meisten Ereignisse sind unsagbar, vollziehen sich in einem Raume, den nie ein Wort betreten hat, und unsagbarer als alles sind die Kunst-Werke, geheimnisvolle Existenzen, deren Leben neben dem unseren, das vergeht, dauert", ... und „Kunst-Werke sind von einer unendlichen Einsamkeit und mit nichts so wenig erreichbar als mit Kritik. Nur Liebe kann sie erfassen und halten und kann gerecht sein gegen sie", schreibt Rainer Maria Rilke in seinen wunderbaren Briefen an den jungen Herrn Kappus.

Aber jedem Liebenden wohnt der Wunsch inne, den Geliebten, Gegenstand oder Mensch kennenzulernen, jede Faser von ihm zu erforschen und – „wes das Herz voll ist, des geht der Mund über" – über ihn zu sprechen, auch wenn es nicht mehr als ein Stammeln sein kann. Der Verliebte brennt in dem Wunsch, andere an seinem Glück teilnehmen zu lassen, andere Begeisterung an den Wundern zu erwecken oder zu bestätigen, die er selbst erfahren hat. Von „Sezieren“ und „Geheimnisse entreißen“ sprachen Autoren noch zu Anfang des Jahrhunderts, im Taumel wohl der ersten Ahnungen von Bachs tiefgründiger Größe. Von solchem Mut, solchem Hochmut sind wir weit entfernt. Liebende wissen, daß man Leben nicht sezieren kann, ohne es zu töten. So reizt gerade das Unerforschte, Unerwartete, immer wieder Neue und Lebendige des Kunstwerks, seine „geheimnisvolle Existenz“, die man nicht „greifen“, nicht „begreifen“, letztlich nicht analysieren kann, in die man aber gern eindringen möchte. Solcher Umgang führt nicht zu arroganter, falscher Selbstsicherheit, sondern dazu, daß man sich immer noch mehr wundert. [...]

Viel mehr als aus Aufsätzen oder Büchern habe ich bei meiner Entdeckungsfahrt von Bach selbst gelernt. Bach läßt nämlich durch zahlreiche Verknüpfungen von Motiven, Tonarten, Proportionen und Zahlen einen Organismus entstehen, in dem – so empfindet man – beinahe jedes zu jedem in Beziehung steht, sich gegenseitig kommentiert und erklärt. Das ist ähnlich wie beim Menschen. Ich habe mir sagen lassen, daß ein menschliches Gehirn aus mindestens 100 Milliarden Zellen besteht, von denen eine jede bis zu 10 000 Informationsstränge zu anderen Zellen anknüpft. Es ist nicht vorstellbar, daß in einem derart komplexen Gebilde auch nur annähernd alle gegenseitigen Abhängigkeiten und Verbindungen aufgefunden werden könnten. Dennoch fühlt man sich gedrängt, Vernetzungen nachzuspüren.

So wie es beispielsweise spannend und erhellend ist, zu erfahren, daß unsere Geruchsnerven direkt, noch vor Erreichen einer bewußten Wahrnehmung, mit einem für unsere Gefühle wichtigen Teil des Gehirns, dem limbischen System, verkoppelt sind und folglich keine Chance besteht, mit unserem Verstand zu bestimmen, was oder wen wir „riechen“ können, so fördert es gewiß unser Verstehen, wenn wir hören, wie Bach etwa durch gleiche Tonarten oder thematische Verwandtschaft unterschiedliche, scheinbar weit auseinanderliegende Stücke und Aussagen verbunden hat.

Letztlich stellt sich die Frage nach dem Schöpfungsakt. Viel Vor- und Irrationales, viel Intuition, ja Instinkt geht wohl in jedes Kunstwerk ein; ererbte Erfahrungen also, die frühere Generationen gespeichert hatten. Kunstwerke scheinen in jenem seltsamen Reich zu entstehen, von dem die neue Chaostheorie so Spannendes zu berichten weiß. Durch ein Netz komplizierter Beziehungen, durch ständige Rückkopplungen entsteht ein so komplexes Gebilde, daß die Muster – von „Ordnung" mag man nicht mehr sprechen – grundsätzlich nicht berechenbar, im einzelnen nachvollziehbar und erklärbar sind. [...]

Ein Kunstwerk ist ein Lebewesen, das unter veränderten Umständen seine Wahrheiten bewahrt, aber in veränderten Zeiten auch neue Wahrheiten zu befördern vermag. Von Bachs Werk gilt das in besonderer Weise, denn es umspannt in seiner geistigen und musikalischen Substanz Jahrhunderte: Von der Welt pythagoreischen und platonischen Musikdenkens, von der Welt antiker Rhetorik über die Welt mystischer Gotik, über Gedanken jüdischer Kabbala bis zum ausgeweiteten schweifenden Tonartenverständnis der Romantik und bis zur Zwölftonmusik Arnold Schönbergs reicht seine die Zeiten umspannende Musik. [...]

Anders kann ich mir die tiefe und weltumspannende Wirkung der Passion nicht vorstellen: Wir nehmen Anteil an den Personen der Passion, weil wir uns wiedererkennen in ihnen. Ihre Fassungslosigkeit, ihre Hilflosigkeit; ihre Abhängigkeit von und ihre Angst vor anderen Menschen; ihre Indoktrinierung; ihre Flucht in die Lüge; ihre hitzköpfige Unüberlegtheit; ihre blauäugigen Vorsätze und nicht einzuhaltenden Versprechungen; ihre Sehnsucht nach Geborgenheit und Angenommenwerden; ihre Furcht vor Schmerzen, ihre Angst vor dem Tod – all dies gehört auch zu unserem Leben. Die Bachsche Passion lebt, weil ihre Musik Fragen, Konflikte und Ängste so lebendig schildert, daß wir uns nicht entziehen können, auch wenn sie von Dingen spricht, die wir nicht wahrhaben wollen und daher verdrängen. Wir sind bewegt von der Musik und der großen Geschichte, die sie schildert. Und es gilt, was die Sängerin am Ende der Passion singt:

Das gehet meiner Seele nah.

[...] Keine Musik vereint so große, auseinanderstrebende Gegensätze wie die Bachs, die Göttliches und Menschliches, lichte Verheißung und dunkle Qual, kurzum alle Polaritäten eins werden läßt; die die unterschiedlichsten Taktarten, die entferntesten Tonarten, die verschiedensten Formprägungen zusammenzwingt; die strenge Logik, fest geprägte Form, melodische Klangsinnlichkeit, schweifende Harmonik, überströmende Emotion in sich vereint wie die Sphinx Männliches und Weibliches, Menschliches und Tierisches, Geistiges, Seelisches und Körperliches.

Orpheus vermochte mit seiner Musik beide Bedrohungen des Lebens zu besiegen: die steinerne Erstarrung zum Leben zu erlösen und das ungezügelte wilde Tier, das im Menschen schlummert, zu zähmen. So Widersprüchliches gelingt auch Bachs Musik. Stehenbleiben, Starrheit des Lebens vermag sie zu überwinden, den Tod im Leben zu besiegen. Zauber des Aufbrechens, Kraft des Anfangens, flutendes Strömen nehmen uns von den ersten Takten an gefangen.

OTTO DAUBE

VOR DEINEN THRON TRET' ICH HIERMIT

(Aus einem Bachroman)

„Es geht mir recht gut, wenn auch die Schmerzen nur ein wenig nachgelassen haben. Auch mögen die Medikamente mir gar nicht behagen. Ein guter Tropfen aus Schweinfurt täte mir gewiß wohler. Aber kommt, wir wollen an die Arbeit gehen. Es ist lieb von Euch, lieber Altnikol, daß Ihr wieder bei uns hereinschaut. Nun sollt Ihr Euch auch gleich nützlich machen.

Zuerst schreiben wir einen notwendigen Brief an unsern verehrten Georg Friedrich Einicke nach Frankenhausen, der mir ein recht ärgerliches Schreiben von Schrötern hat zustellen lassen. Da, lies ihn mir noch einmal vor, damit ich ihm antworten kann."

Johann Christoph Altnikol, seit der Operation schon zu mehreren Malen von Naumburg herübergekommen, war es schon längst gewohnt und auch gern bereit, seinem Papa Bach in Schriftstücken, beim Aufsetzen und Vorlesen, zur Hand zu gehen.

Altnikol las also Schröters Schriftsatz an Einicke: „daß die gewaltsame Veränderung seiner Rezension – eben Schröterns – ihm sehr empfindlich gefallen sei. Ferner: Sein Trost hierbei wäre dieser, daß kein Leser, welcher seine Denk- und Schreib-Art aus andern Umständen kennengelernt habe, ihn für den Verfasser einer solchen Vermischung halten könne; von dem unglücklich geratenen ‚Christliche Beurteilung' ganz zu schweigen."

„Ach, lieber Altnikol, das sind doch Flausen! Schreibt also dem guten Einicke meinen Dank für seine fleißige Korrespondenz und schreibt doch gleich: ‚An Hrn. Schrötern bitte mein Kompliment zu machen, bis ich selber im Stande bin zu schreiben, da ich mich alsdenn, der Veränderung seiner Rezension wegen entschuldigen will, weil ich gar keine Schuld daran habe; sondern solche einzig demjenigen, der den Druck besorgt hat, anzulasten ist!'"

Nach der Mahlzeit, als die beiden Herren nach einer ausgiebigen Ruhepause sich wieder an die Arbeit begeben wollten, überraschte Bach den guten Altnikol mit einer seltsamen Frage:

„Nun sagt mir aber, mein Bester, Ihr seid mir noch eine Geschichte schuldig geblieben, die Ihr mir längst habt erzählen wollen. Wie war das doch mit dem Liesgen und Eurer ersten zärtlichen Begegnung?"

Altnikol war nicht wenig verlegen. Das lag nun schon weit mehr als zwei Jahre zurück – –, damals, ach ja und gewiß, geschah das Wundersame, „als der Herr Papa in Potsdam beim Könige war. Da hatte auch das Liesgen Zeit, mit Erlaubnis der Mama einen Nachmittag hinauszuspazieren, am Vorwerk St. Georg vorüber über die stille Milchinsel hin, wo sie mir den ersten zärtlichen Kuß gab und ich ganz verlegen nichts anderes sagen konnte als ‚Aber Fräulein Liesgen – was wird die Frau Mama dazu sagen!' Nun ja, sie wußte ja von uns und hatte auch gemeint, daß der Herr Papa nicht ganz unwissend über Liesgens Träume sei, wenn er sich auch nichts habe anmerken lassen …"

Hier unterbrach Bach die Geschichte von Liesgens vorwitzigem Kuß auf der Milchinsel.

„Ich wäre ein schöner Tropf gewesen, wenn ich Euer Geflüster und Getue nicht bemerkt und auf meine Weise gedeutet hätte. Ihr wart mir schon recht, lieber Altnikol, und da hab ich's so gewähren lassen. Und von Eurem verliebten Ausflug nach Schönefeld, der bereits auf der Milchinsel endete, und Eurer eiligen Rückkehr mit dem Liesgen directement an der Johanniskirche vorbei durchs Grimmasche Tor geradewegs über die Anlagen nach St. Thomas – ich hätte sogar auch der Katharina einmal einen solchen Spaziergang zur Milchinsel gewünscht –, das alles hat mir die Mama ganz leise und heimlich in die Ohren geflüstert, als ich aus Potsdam zurückkam. Nun, und das Orgel-Jahr in Niederwiesa hat Euch beiden auch nicht geschadet, sondern Eure Liebe auf die beste Probe gestellt, stimmt's?"

Da Altnikol einen zweiten Tag in Leipzig bleiben konnte, wurde seine Assistenz in schriftlichen Aufzeichnungen auf den folgenden Morgen verschoben.

„Ich weiß, lieber Altnikol, daß Ihr mir widersprechen werdet, wenn ich Euch sage, wie nahe ich mich meiner letzten Stunde weiß. Sagt nichts dagegen! Setzt Euch und schreibt mir nach, was ich Euch heute in Noten, in Tönen, Klängen, Bewegungen diktieren will. Es liegen genug Notenblätter herum. Es soll ein ernster Gesang zum seligen Ende werden – –, zu den ‚Achtzehn Chorälen' ... ihr letzter, und schreibt mir darüber

‚Vor deinen Thron tret ich hiermit ...'

Ihr wißt den Fortgang:

‚O Gott, und dich demütig bitt:
Wend dein gnädig Angesicht
Von mir blutarmen Sünder nicht.

Ein selig Ende mir bescher,
Am Jüngsten Tag erweck mich, Herr,
Daß ich dich schaue ewiglich.
Amen, Amen, erhöre mich.'

Das wollen wir nun neu in Töne setzen. Schreibt, lieber Sohn; beginnt mit dem Basso des Klaves, einen Takt voraus, und dann folgend die anderen Stimmen – bis zum Choral ‚Vor deinen Thron tret ich hiermit'. Wenn du die Noten zu diesen Worten zählst, lieber Christoph, findest du die 14 Töne des, der sie nun singen wird! Zähle sie allesamt – es werden 41 Töne sein – und erkenne deinen J. S. Bach!" –

Es kamen die letzten, schweren, düsteren Wochen des allgemeinen und des besonderen Leidens im Kantorenheim.

Man schlich auf Zehen durch die Räume, wenn man ihn schlafend wußte, man flüsterte nur noch, selbst in Küche und Kinderzimmer, man saß in liebevoller Sorge an seinem Ruhelager, man geleitete ihn zärtlich und umsichtig in sein Arbeitszimmer, wohin er geführt zu werden wünschte, sobald er fühlte, daß das Fieber nachließ. Christian hatte ihm an den Klavieren des Vaters vorzuspielen, aus dem Klavierbüchlein, Suiten, Partiten, auch eigene kleine Improvisationen, die zum Vergnügen des Vaters meist recht vergnüglich ausfielen. „Ei, das hast du beim Telemann erwischt!" pflegte der Alte dann zu sagen. Ja, in guten Stunden, wenn auch die Schmerzen nachließen, ließ er sich an das Klavichord führen, um hier alle Sorgen, alles Leiden, selbst die Nacht um sich zu vergessen.

Gegen Ende des Juli, es muß ein Sonntag gewesen sein, erschien er plötzlich zur Überraschung aller sicheren Schrittes, aus dem Schlafgemach kommend, in dem Wohnraum seines Heims mit einem Ausdruck der heitersten Glückseligkeit.

„Jawohl, Lenchen, ich sehe! Ich sehe!"

„Oh, du lieber Himmel – –"; war es ein Freudenruf Anna Magdalenas oder ein Verzweiflungsaufschrei des Erschreckens, sie wußte es im gleichen Augenblick selbst nicht.

„Ei ja doch, Lenchen! Der liebe Herr im Himmel war uns, wie stets in unseren Leiden, wohltätig voller Liebe und Gnade. Sieh, er zeigt mir noch einmal die Welt – dich – die Kinder – dieses schöne Heim und da draußen St. Thomas. Es ist überall Licht – unfaßbar, Licht um mich ..."

Aber dann hatte Anna Magdalena ihn nur noch geschwind zum nächsten Lehnstuhl zu führen. Dem glücklichen Aufleben folgte sehr schnell ein bedrückendes Ermatten seiner Kräfte.

„Laß nur, es geht schon wieder. Ich war wohl ein wenig zu leichtsinnig!"

Man führte ihn, nachdem er noch eine Weile ausgeruht hatte, immer wieder von Eisenach und vom Frauenplan und von den Musiken der väterlichen Stadtpfeifer und vom Tode der Mutter und vom Vater erzählend, ins Schlafzimmer zurück.

„Ja, ja, es ist schon gut so, die Ruhe wird mir gut tun."

Das Licht erlosch am folgenden Tage. Es war wieder tiefe, dunkle Nacht um den Einsamen, zu dem nur wohl wie aus der Ferne die geliebten Stimmen der liebsten Annalene und der Kinder klangen, und aus ganz inniger Nähe die Zusage des Einen, der mit ihm gehen werde, Schritt für Schritt bis an das Ende des mühseligen und doch so überaus reichen Weges. War es nicht ganz so und immerfort, dies Soli Deo Gloria mit seinen 18 + 4 + 7 = 29 und ingleichen 29 in J. S. B.? Soli Deo Gloria – sein ganzes Leben dem Höchsten zu Ehren.

„Vor deinen Thron tret' ich hiermit – – ein selig Ende – –, daß ich dich schaue ewiglich – – schaue – –" – –

> „Es ist in Gott sanft und selig entschlafen – den 28. Juli nach Mittage um 8 Uhr – der WohlEdle und Hochachtbare Herr Johann Sebastian Bach, Seiner Königlichen Majestät in Pohlen, und Churfürstlichen Durchlaucht zu Sachsen hochbestallter Hof-Compositeur, Hochfürstlich Anhältisch Cöthenischer und Hochfürstlich Sächsisch Weißenfelsischer würklicher Capell-Meister, wie auch Director der Music und Cantor an St. Thomas in Leipzig, im 66ten Jahre seines Alters, welcher sich durch seine ungemeine Kunst in der Music einen unsterblichen Ruhm erworben hat." So hieß es in den Gazetten nach dem 28. Juli 1750: „Unsterblichen Ruhm ..."

Es gab viele Zeichen der Verehrung und Bewunderung, der Trauer und der Verklärung des großen Unsterblichen.

Telemann sandte ein Sonett, Mattheson, Marpurg, Mizler, ja selbst in Bologna der Padre Martini veröffentlichten ihre Bewunderung für den „einzigen Meister in der Welt, dem keiner gleichkommt" – so Mattheson; „für einen der ersten Meister, die es in Europa gibt" – so Martini bereits am 14. 4. 1750, gelegentlich einer Werkbesprechung, für den „Großen" unter den Virtuosen und den Komponisten, und für die „Kunst", die sein „Kiel aufs Notenblatt getragen"; „Sein Name bleibt vom Untergange frei", so Telemann.

Am 31. Juli trug man ihn auf dem Johannis-Friedhof zu Grabe.

Man muß es ausdrücklich wenigstens andeuten: Die Erzählung vom Leben und Wirken des großen Johann Sebastian Bach findet am gleichen 31. Juli 1750 nicht ihr Ende. Sie führt weiter – über die Söhne und Enkel, über Forkel und Zelter, Beethoven, Goethe und Mendelssohn, bis in unsere Gegenwart. Sie wird nie ein Ende finden bis auf den jüngsten Tag, da dann das Gloria Dei erst in seiner vollkommenen Reinheit aufsteigen wird.

MAURICIO KAGEL

BACH MIT HEILIGENSCHEIN

Vor etwa 5 Jahren begann ich eine *Sankt-Bach-Passion* zu schreiben; auf dem ersten Skizzenblatt steht das frei erfundene Motto „Es mag sein, daß nicht alle Musiker an Gott glauben; an Bach jedoch alle". Der Gedanke animierte mich, eine Leidensgeschichte zu komponieren, gleich einer Heiligsprechung für die einzige Figur, die meine Zukunft ohne Widerspruch einigt. Als Haupttext diente mir der Nekrolog von C. Ph. E. Bach und Agricola von 1751, durch Mitzler und Vernzky kurze Zeit später ergänzt. Ähnlich einem Evangelisten erzählt der Tenor Abschnitte aus der Vita des Meisters; Mezzosopran und Bariton kommentieren diese Station und ein Sprecher, stellvertretend für die Figur Bachs, trägt Originaltexte vor. Chöre und großes Orchester ergänzen die Besetzung. Ich wäre vermutlich nie auf die Idee gekommen, Bach mit dem Heiligenschein zu versehen, wenn ich nicht in einem vorwiegend katholischen Land aufgewachsen wäre, wo die Passionen stets mit der Ergänzung *Sankt*-Matthäus, *Sankt*-Johann, *Sankt*-Markus angekündigt werden. Ein weiteres Beispiel der leidenschaftlichen Identifikation und Inbesitznahme, welches die Musik Bachs wie selbstverständlich auslöst.

1735 verfaßte Bach eine Genealogie, von ihm selbstbewußt „Ursprung der musicalisch-Bachischen Familie" benannt, wo 53 Namen ab Mitte des 16. Jahrhunderts verzeichnet sind. Die Liste umfaßt Hof- und Stadtorganisten, Kantoren, Stadtpfeifer, Ratsmusikdirektoren, Cembalisten, Klavierlehrer, Konzertmeister – und Komponisten. Zahlreiche der überlieferten Dokumente zeigen Bachs Interesse an einem weiteren Aufblühen der Musikpraxis aber auch, daß er sich nicht als Endpunkt der Kompositionskunst betrachtete. Daß er zunächst für ein Fortkommen seiner Kinder sorgte, ist natürlich. Aber er half ebenso tatkräftig seinen Studenten, eine Stellung zu bekommen, vorausgesetzt, daß ihre Qualitäten und Fleiß es rechtfertigten. Im Grunde sind *alle* Komponisten nach 1750 ihm auf eine oder andere Weise verbunden und auf so umfassende Weise zu Dank verpflichtet, daß Familienbande nicht zählen dürften, wenn man von Erben spricht. Wir alle, die diese abnorme Existenz des *componere* weiterführen, sind die eigentlichen Nachkommen. Bach hat ständig in Geldnot gelebt, wurde um Honorare und Auszeichnungen betrogen, von Fürsten, Amtsträgern und Kirchenwürden seiner geringen sozialen Stellung gemäß entsprechend unter Druck gesetzt, mißachtet und verspottet, wie ein Leibeigener behandelt, in Gewahrsam gehalten und gezwungen, sich kläglich zu ducken. Er hat dies alles ertragen und gelitten, damit wir für alle Zeiten genießen können.

CARL ZUCKMAYER

BACHFUGE

Herz, werde wach und singe:
Singe dem Herrn, der die Erde schuf.
Ihn preisen alle Dinge,
Die er geweckt mit Schlag und Ruf.
Herz, werde wach und singe,
Der Herr erschuf die Erde schwer,
Die Erde schuf des Herren Ehr',
Drum lobt ihn Stimm' und Schwinge,
Die er geweckt in Wolk' und Meer,
In Tag und Nacht, in Wort und Lehr'
Zum großen Chor: „Vollbringe!"

WILHELM FURTWÄNGLER

DER HOMER DER MUSIK

Bachs Musik ist wohl diejenige Musik, die – seit ihrer Wiederentdeckung Anfang des 19. Jahrhunderts – in der Schätzung der Menschen die geringsten Schwankungen durchgemacht hat. Bach ist auch heute wie ehemals der Heilige, der, allem anderen unerreichbar, über Wolken thront.

Hierfür gibt es viele Gründe. Zunächst besitzt diese Musik eine ruhevolle Sicherheit der Faktur, das heißt ein in sich völlig ausgeglichenes Zusammenwirken von melodischen, harmonischen und rhythmischen Elementen, die immer wieder staunen macht. Die Ausgewogenheit eines jeden, selbst des kleinsten Bachschen Stückes, die Stetigkeit des Sich-Ausgliederns aller einzelnen Teile, verbunden mit dem Gefühl eines wie von Anbeginn „In-sich-selber-Ruhens" – so charakteristisch für Bachs Lebensgefühl –, gibt dieser Musik etwas im eigentlichen Sinne Überpersönliches.

Die Historiker wollen uns manchmal erzählen, daß selbst ein Riese wie Bach, in seine Zeit gestellt, mit ihr verglichen und von ihr aus gesehen, das Überlebensgroße, das ihm für uns anhaftet, verliere, Mensch unter Menschen, Einer – wenn auch immer ein Großer – unter den Vielen seiner Zeit würde. Das Gegenteil scheint mir der Fall. Nie wird uns die staunenswerte Überlegenheit Bachscher Musik klarer, nie ist der Unterschied dessen, was nachweisbar aus seiner Hand kommt, gegenüber den Werken der anderen mehr mit Händen zu greifen, als wenn man ihn mit Schöpfern seiner Zeit und Umgebung vergleicht, etwa Vivaldi, von dem er viel übernommen und bearbeitet hat. Selbst das strahlende Musizieren des großen Händel wirkt seltsam willkürlich, seltsam launisch neben der stillen, unbeirrbar-organischen Konsequenz Bachschen Musikdenkens. Hier ist Konzentration auf den Augenblick, verbunden mit unerhörter Weite, ist unmittelbare Erfüllung des Moments gepaart mit wahrhaft souveränem Überblick über das Ganze. Bachs Musik ist mit ihrem wachen Gefühl für Nähe und Ferne zugleich, mit zwangloser Erfüllung des Jetzt und Hier, und eines immer unterirdisch-wachen Gefühls für die Struktur, den Strom des Ganzen, mit ihrem „Nah-Erleben" wie mit ihrem „Fernhören" ein Beispiel biologischer Sicherheit und natürlicher Kraft, wie wir es in der Musik schlechterdings sonst nicht finden.

Gerade dies aber ist es recht eigentlich, was – ohne daß uns das so recht bewußt ist – ihre Sonderstellung ausmacht. Diese Musik ist einerseits gewiß spontan, unmittelbar, plastisch, eindringlich; und doch bleibt sie andererseits immer, was sie ist, tritt nicht aus sich heraus, gibt nicht ihr Geheimnis preis. Sie verschmäht es zu reizen und den Menschen allzu unmittelbar anzusprechen; Kraft und Lässigkeit, Spannung und Entspannung, wogendes Leben und tiefste Ruhe sind in ihr auf unnachahmlich-einzigartige Weise vereinigt.

Zu Bachs Zeit spielten gewisse Konventionen, die als Floskel- und Figurenwerk zutage traten, eine größere Rolle als später. Auch er ist hier natürlich nicht frei von diesem Geiste seiner Zeit; wie sehr aber durchdrang er das, was die Epoche ihm als Material lieferte, mit Eigenem! Daß er monothematisch vorging – nicht wie die späteren Klassiker polythematisch –, hatte er mit seiner Zeit gemeinsam; die Art aber, wie er dies tat, bewirkte, daß, was bei jenen als Begrenzung erscheint, sich bei ihm als tiefes, konsequentes Kunst-Wollen offenbart.

Sicherlich gibt dies seiner Musik trotzdem zugleich gewisse Grenzen. Es gibt ihr ihr Schicksal, besonders denen gegenüber, die nach ihm kamen. Bach verzichtet auf die vorwärtstreibende Kraft des Kontrastes, die Ausgliederung der Thematik, die Sondergestalt der Themen wird nicht über einen gewissen Punkt hinausgetrieben, während z. B. Beethoven durchaus als Dramatiker vorgeht, die einzelnen Themen sich ausprägen und auswirken läßt, sie gleich lebendigen Charakteren gegeneinanderführt und sich gegenseitig aneinander erleben läßt. Bach bleibt in sich selbst beschlossen, wenn man so will: Lyrisch und episch, objektiv und subjektiv zugleich. Beiden, Bach wie Beethoven, gemeinsam ist die Kraft, ein Ganzes als „wirkliches Geschehen" sich in sich selbst vollenden zu lassen, unabhängig von seinem jeweiligen Schöpfer.

Der Vergleich mit Beethoven drängt sich hier von selbst auf. Beethovens Musik bildet den großen geschichtlichen Parallelfall mit der Bachs, so verschieden die beiden auch sonst sein mögen. Denn auch Beethoven ruht nicht, bis das Werk aus eigenen Kräften besteht, seinen eigenen Weg zu Ende gehen kann. Er wacht eifersüchtig darüber, daß jedem Werk das nur ihm eigene Schicksal nicht geschmälert werde. Auch jedes Bachsche Werk rollt ab, geht seine vorbestimmten Bahnen mit unbeirrbarer Konsequenz, darin gleich einer Maschine, einem Uhrwerk, freilich einem „lebendigen" Uhrwerk aus der Hand der Natur. Jedes dieser Musikstücke wird nach dem Gesetz, nach dem es „angetreten", bis zu seinem letzten Ende geführt, oder besser gesagt: Es geht von sich aus diesen seinen Weg, es führt sich selber zu Ende. Der diese Chöre, diese Fugen gebaut hat, sich entfalten, sich vollenden ließ, erscheint nicht als ein Mensch, sondern wie der waltende Weltgeist, der Weltenbaumeister selber. [...]

Seit seiner Wiederentdeckung durch Mendelssohn – der in seiner eigenen Produktion, seinen eigenen Oratorien, diesem Eindruck zeit seines Lebens verfallen blieb – sah sie in Bach das Idealbild des Musikers. Sie erblickte zudem in ihm in höchst persönlicher Weise den Erlöser von ihrer eigensten Krankheit, der Krankheit der übermäßigen Reizsamkeit. Bach hätte nicht so, wie er es tatsächlich getan hat, auf die Romantiker wirken können, wenn er nicht – trotz aller Verschiedenheit – das Korrespondierende in ihnen wachgerufen hätte, wenn er nicht – neben anderem – auch Fleisch von ihrem Fleisch und Blut von ihrem Blut gewesen wäre. Von einem gewissen Blickpunkt aus gesehen, ist Bach der größte aller Romantiker. Das Bild, das wir heute von ihm haben, wurde von der Romantik geschaffen; im Verlauf folgender Zeiten wurde es wohl noch erweitert, aber nicht mehr verändert.

Eines darf freilich nicht außer acht gelassen werden: Bach war und blieb in der Hauptsache religiöser Musiker. Die enge Verbundenheit seiner Musik mit dem religiösen Zentrum in ihm selbst war bei ihm so stark, daß sie nicht nur der formalen Ausgliederung dieser Musik in abgesetzte Themen und andere musikalische Bildungen Grenzen setzte, sondern ihr auch verwehrte, die Fülle irdischer Wirklichkeiten – im Gegensatz schon zu seinem Zeitgenossen Händel, und noch mehr zu allen späteren – in Musik zu setzen. Die enge Verbundenheit mit dem Höchsten in sich, die bei einem anderen wohl zur Erschöpfung, zur Erschlaffung, zum Sich-vorzeitig-Ausgeben geführt hätte, wurde bei Bach zum Quell stets erneuter und erhöhter Kraft. Sie ist es, die uns in ihm heute mehr als in irgendeinem anderen den größten Musiker erblicken läßt, den Homer der Musik, dessen Licht über unserem europäischen Musikhimmel leuchtet, und über den wir – in gewisse Sinne – bis heute nicht hinausgekommen sind.

WOLFGANG HILDESHEIMER

DER FERNE BACH – KLAR DOCH UNERKLÄRBAR

Es ist das Herz, oder besser, die Seele, die den Ablauf von Musik aufnimmt, ihn linear mitvollzieht und emotional darauf reagiert. Das Denken dagegen läßt sich zwischendurch auf die Geleise der äußeren Umstände, also der Entstehung des Gehörten, umleiten. Es mischt sich kontrapunktisch ein und begibt sich auf außermusikalisches Gebiet, wo es unter dem Zuhören unsere Vorstellungskraft in Bewegung setzt. Es läßt uns erkennen, daß die Rezeption der Musik und *aller* Künste darin liegt, den kreativen Akt mit höchster Konzentration und Intensität nachzuerleben. Dies schaffen wir natürlich nur in Annäherungen. Denn wir können niemals den Punkt erreichen, der uns mit dem Komponisten eins werden läßt, ganz abgesehen davon, daß wir nicht immer in der gleichen rezeptiven Verfassung sind, denn es gibt auch eine passive Inspiration. Die Größe der großen Komponisten liegt ja darin, daß sie bis ans Ende allen Musikhörens unsere Seele aufzurühren verstehen und uns, zumindest für die Dauer des jeweiligen Stückes, auf eine andere, gewissermaßen gleichnisträchtige, Erlebnisebene heben, von der wir, wenn es zu Ende ist, jäh herabfallen, um uns in der Realität wiederzufinden. Uns berührt die Musik schmerzlich in jenen Augenblicken, da wir unter dem Hören den Augenblick des Falles näherkommen spüren. [...]

Im Gedenken der großen Gestalten unserer Kulturgeschichte scheint manchmal zwischen den Bekennenden eine stille Übereinkunft zu herrschen über das Inkommensurable ihrer Größe, angesichts derer sich alle Kritik verflüchtigt. Da stehen sie denn, die

Großen, als Monumente, unantastbar, als seien sie mit ihrem Werk identisch, in einem Gebiet der Verklärung, in dem der Unsagbarkeitstopos herrscht. In Wirklichkeit handelt es sich um Menschen, die schon von ihren eigenen Zeitgenossen mißverstanden waren, unbequem, verstörend und oft verstört, für uns so fern, daß unsere Vorstellungskraft sie nicht mehr erreicht, während ihr Werk, in immer wieder neuer Form, den Geist des ewig Gegenwärtigen atmet.

Am 9. Juni 1827 schrieb Zelter an Goethe: „Alles erwogen, was gegen ihn zeugen könnte, ist dieser Leipziger Kantor eine Erscheinung Gottes: Klar doch unerklärbar."

ALBERT SCHWEITZER

MUSIK, DIE UNSERE SEELE STILLE UND REICH MACHT

Die Künstlerpersönlichkeit J. S. Bachs wird durch seine Menschenpersönlichkeit nicht erhellt, sondern umflammt sie, wie die glühende Sonne die dunkle Mondscheibe bei der Sonnenfinsternis.

Beethovens Gesichtszüge lassen seine Künstlerseele erkennen. Der Mensch, wie er in der Musik leidet, sich sehnt und jauchzt, drückt sich in ihnen aus. Aus Bachs Antlitz läßt sich nicht mehr entnehmen, als daß es einer bedeutenden Persönlichkeit angehört. Das Hausmannsche Porträt gibt neben dem starken Willen auch noch der Gutmütigkeit Raum. Auf dem von Fritz Volbach aufgefundenen, wenn es wirklich Bach darstellt, bekunden die scharfen Falten um Nase und Mund noch etwas von Trotz und Streitsucht, was mit den Nachrichten über Bachs Verhalten in dem und jenem Falle einigermaßen zusammenstimmt.

Wie die Bilder nichts von seiner Künstlerseele verraten, so lassen uns auch die überkommenen spärlichen Selbstmitteilungen im Stich. In den wenigen erhaltenen Briefen behandelt er Gelegenheitsdinge, gibt Familiennachrichten oder läßt sich, wie in dem vom Herbst 1730 datieren Schreiben an Erdmann, den ehemaligen Schulkameraden aus Lüneburg, über die Unzuträglichkeiten seiner Stellung aus, wobei er uns noch die Überraschung bereitet, in unverständlich devoter Form mit dem um Rat und Dienst angegangenen Jugendbekannten zu verkehren. Briefe über sein inneres Erleben hat er wahrscheinlich nie geschrieben. Er kannte nur sachliche Korrespondenz.

Zweifelhaft muß sogar bleiben, ob sich der Künstler Bach seinen Söhnen und vertrauten Schülern gegenüber über sein Erleben, Wollen und Schaffen je wirklich ausgesprochen hat. Wie wäre es sonst denkbar, daß sie uns nur Anekdoten überliefert haben?

Das Menschendasein und das Künstlerdasein greifen also bei Bach nicht ineinander, sondern gehen nebeneinander her. Nachrichten von ihm und über ihn bereiten nicht auf das vor, was sich in seinen Werken ausspricht. Diese in der Kunstgeschichte einzigartige Trennung zwischen Mensch und Künstlerpersönlichkeit ist nicht nur etwas Rätselhaftes, sondern bedingt zugleich das wunderbare Stille und Ruhige, das über Bachs Schaffen liegt. Seine Künstlerseele entlehnt dem Menschen nicht Menschenleidenschaften für ihr Sehnen. Kein Ringen um Anerkennung seines Werkes findet sich beim Meister von St. Thomas. Er ficht mit Leidenschaftlichkeit um Nebengefälle seines Gehaltes, die ihm streitig gemacht werden, oder um Rechte, die er mit seiner Amtsstellung verbunden glaubt. Gegen Verdächtigungen, als ob es ihm an der genügenden allgemeinen Bildung fehle, um in der Kunst seinen Mann zu stellen, wie sie Johann Adolph Scheibe 1738 im ‚kritischen Musicus' aufbringt, bietet er, aufs tiefste verletzt, seine gelehrten Bekannten auf. Aber nie geht er die Menschen und die Welt darum an, daß sie dem Einzigartigen, was er zu geben hat, mehr Verständnis entgegenbringen. Er tritt vor sie als der virtuose Klavier- und Orgelspieler und nimmt die Anerkennung, die seiner Fertigkeit gezollt wird, als etwas Selbstverständliches hin. In der Spätzeit seines Lebens legt er den Kunstverständigen Meisterstücke seiner Kunstfertigkeit in der musikalischen Satzkunst vor und freut sich des fachmännischen Beifalls, wo er ihm zuteil wird. Aber nie verlangt er dabei, daß er über die andern, deren Können auch anerkannt wird, gestellt werde. Er ereifert sich nicht, daß er unter ihnen erst an fünfter oder sechster Stelle aufgezählt wird. Daß sie ihre mittelmäßigen Kantaten und Passionen veröffentlichen, während die seinen nicht über Leipzig hinauskommen und dort nicht einmal geschätzt werden, empfindet er nicht als etwas

Unerträgliches. Ja, er nimmt sich noch Zeit, Werke, die eigentlich als Schülerarbeiten auf ihn wirken mußten, abzuschreiben, um sie aufzuführen.

Was hat er von sich veröffentlicht? Eine Folge von Klavierstücken, eine Sammlung groß angelegter und schwer spielbarer Orgelchoräle über die Katechismuslieder, einige aus Kantaten transkribierte Orgelchoräle, deren Herausgabe, da sie auf dem Instrument nicht wirken, unbegreiflich bleibt, das ‚Musikalische Opfer' und die ‚Kunst der Fuge'. Angenommen, es wäre nur dies, für dessen Erhaltung er Sorge trug, auf uns gekommen. Was wüßten wir dann von ihm? Daß er gediegene Orgel- und Klavierwerke geschrieben und es in der musikalischen Satzkunst so weit gebracht, daß er mit allen erdenklichen Schwierigkeiten der Umkehrung und des Kanons in elegantester Weise fertig wurde. Aber den Bach, der zu unserer Seele redet und sie stille und reich macht, den Schöpfer der Kantaten und Passionen, würden wir nicht kennen.

In der Hauptsache war er nur auf das Bekanntwerden von Schaustücken aus dem Gebiete des Kunstreichen bedacht. Für die Werke, in denen sich seine Seele ausspricht, macht er sich keine Zukunftssorgen. Seine Schuld ist es nicht, daß sie uns erhalten geblieben sind. Wenn seine Schüler Kirnberger und die Prinzessin Amalie, die Schwester Friedrichs des Großen, nicht Sammlerinstinkte besessen und diese in der kritischen Zeit an Bach betätigt hätten, wie vieles von dem Wertvollsten wäre auf immer verloren gegangen!

Für Bach selber waren dies nur Werke aus seinen Obliegenheiten geboren. Er nimmt sie, so oft die Gelegenheit es mit sich bringt, wieder vor und bessert daran. Nach bestem Können und in frommer Sammlung hat er sie für den Gottesdienst geschrieben. Daraufhin sind sie [sic!]. Dies genügt ihm. Daß sie viel, viel mehr sind, als was sonst in Kantaten und Passionen von bekannten und unbekannten Meistern zur selben Zeit geboten wird, ahnt er nicht. [...]

Als er in der Mitte des Lebens stand, kam ein Suchen in der Kunst auf, das zur modernen Musik führte. Er ergriff ihn nicht. Ihm war nur verliehen, ein Vollender des *Gegebenen,* ein Ende zu sein. Darum ist er in der letzen Periode seines Lebens ein Einsamer. Sein Werk ist in der neuen Generation dem Unverstandensein geweiht, weil es dem bedeutungsvoll Neuen, das sie begeistert, in keiner Weise entgegenkommt. Wo andere schon die individuelle Behandlung der Instrumente und das koloristische Verfahren der modernen Orchestrierung ahnen und versuchen, bleibt er ganz in der chorartigen Verwendung des Orchesters befangen.

Das Unreflektierte in seinem künstlerischen Schaffen, aus dem das Gewaltig-Naturhafte seiner Kunst sich herleitet, bedingt also zugleich die merkwürdigen Grenzen und Schatten, die an ihr auftreten. Diese könnten ein weniger großes Schaffen als das Bachs entstellen oder an der Erreichung der Zeitlosigkeit hindern. Bei ihm aber bringt dieses Miterklingen des zeitlich Bedingten nur den Grundakkord des Zeitloseren zu womöglich noch stärkerer Geltung.

Was legt Bach von der Eigentümlichkeit seines Wesens in sein Werk hinein? Zunächst und ganz allgemein seine Gesammeltheit. Beethoven und Wagner hatten ein Bewußtsein von dem, was sie der Welt zu geben hatten und ihr geben wollten. Beim Schaffen dachten sie an den Hörer, den sie mit sich in die Regionen des höheren Lebens emporziehen wollten. Bei Bach fällt auch diese letzte „Ablenkung“ fort. Nur auf die Töne und die Gedanken, die in ihnen leben sollen, ist sein Sinnen gerichtet. Die Richtung seiner Gedanken geht auf das Unendliche. Dies ist das Einzige, was ihm vom Wesen seiner Kunst wirklich bewußt wird und was er über sie aussagt. In seiner Frömmigkeit findet er dafür den Ausdruck, daß er

Musik mache nur „zur Ehre Gottes“ und daß dies der letzte Zweck der wahren Tonkunst überhaupt sei. Diese hehre, ruhige Entrücktheit ist es, die sich wie eine fast unheimliche Gewalt von seinen Tönen loslöst und uns, ohne daß wir uns davon Rechenschaft geben, gefangennimmt. [...]

Prediger der Verinnerlichung ist Bach der Menschheit unserer Zeit, die nach den furchtbaren Schicksalen, die sie durchgemacht hat, und in denen, denen sie entgegengeht, die höhere Lebenskraft suchen muß, weil sie die natürliche Lebensfreudigkeit verloren hat. Wunderbar tröstend reden seine Töne zu uns. Für alles, was uns bewegt, hat er Verstehen und Ausdruck. In dem Schweren, das wir erleben, sind wir ihm nähergekommen als vordem. Was er empfand und zu geben hatte, als er in eine Zeit der Kriegsdrangsale ‚Du Friedefürst Herr Jesu Christ‘, ‚Wo Gott der Herr nicht bei uns hält‘ und andere Spätkantaten schrieb, klingt für unser armes Geschlecht in einem neuen Ton ...

STEFAN ZWEIG

DIE METAPHYSISCHE GEWALT DER MUSIK

Es ist schon dunkel im völlig leeren Kircheninnern, als wir eintreten, und wir machen kein Licht. Nur über der Klaviatur der Orgel wird eine einzige kleine Birne aufgedreht. Sie leuchtet nur Schweitzers Hände an, die jetzt über die Tasten zu gehen beginnen, und das niedergebeugte sinnende Gesicht erhält von den Reflexen ungewissen magischen Widerschein. Und nun spielt Albert Schweitzer uns allein in der leeren nachtschwarzen Kirche seinen geliebten Johann Sebastian Bach: unvergleichliches Erlebnis! Ich habe ihn, diesen Meister, der alle Virtuosen beschämt, schon früher mit tausend anderen zugleich in München in einem Orgelkonzert spielen gehört; es geschah vielleicht im technischen Sinne nicht minder vollendet. Aber doch, nie habe ich die metaphysische Gewalt Johann Sebastian Bachs so stark empfunden wie hier in einer protestantischen Kirche, erweckt durch einen wahrhaft religiösen Menschen und von ihm mit der äußersten Hingabe gestaltet. Wie träumend und doch zugleich mit wissender Präzision gehen die Finger über die weißen Tasten im Dunkel, und gleichzeitig hebt sich wie eine menschliche, übermenschliche Stimme aus dem bewegten riesigen Brustkorb des Orgelholzes der gestaltete Klang. Großartig ordnungshaft und inmitten äußersten Überschwanges fühlt man die Vollkommenheit der Fuge so unabänderbar beständig, wie vormittags das Straßburger Münster in seinem Stein, so ekstatisch und leuchtkräftig wie die Tafel des Matthias Grünewald, deren Farben einem noch warm unter den Lidern brennen. Schweitzer spielt uns die Adventkantate, einen Choral, und dann in freier Phantasie; leise und geheimnisvoll füllt sich das schwarze Gehäuse der Kirche mit großer Musik und zugleich die eigene innere Brust.

HELMUT SCHMIDT

BACH IST NICHT GESCHICHTE, SONDERN GEGENWART UND ZUKUNFT

Vor einem Jahrzehnt habe ich einmal die Leipziger Messe besucht. Dort ergab es sich an einem für mich zufällig freien Abend, daß in der Thomas-Kirche eine Bachsche Kantate gegeben wurde. Wir telefonierten mit dem Kirchenbüro und baten um Einlaß und um unauffälligen Zugang. Man sagte uns: „Kommen sie zwei Minuten vor Beginn, der Pastor wird Sie am Seiteneingang erwarten.“ So geschah es. Der Pastor führte meine Frau und mich zu unseren Plätzen im Chor der Kirche, die vollends gefüllt war.

Die Musik begann, kaum daß wir uns hingesetzt hatten. Etwas verstohlen und unauffällig ließen wir unsere Augen durch die Kirche gehen; und sie fielen auf eine einzelne, langstielige rote Rose, die vor uns auf dem Boden lag. Genauer hingesehen, lag die Rose auf einer Grabplatte, die in den Fußboden eingelassen war. Sie war schmucklos, und sie trug Johann Sebastian Bachs Namen und seine Lebensdaten. Mich ergriff eine unbeschreibliche innerliche Rührung und Erregung. Ich hatte Mühe, mich selbst in Disziplin zu nehmen. Denn dieser Augenblick, Bachs Musik im Ohr, seine Thomas-Kirche und seinen Namen vor Augen – dieser Moment rief mir alles das auf einmal ins Bewußtsein, was ich im Laufe des Lebens der Bachschen Musik verdankte.

Zu Besuch in der DDR zu sein, war allein schon erregend genug gewesen. Nun aber kam die Begegnung mit einem der größten Geister dazu, die unser Volk hervorgebracht hat. Kaum jemals habe ich tiefer gefühlt, was es bedeuten kann, ein Deutscher zu sein. Und ebenso habe ich kaum jemals deutlicher empfunden, welches Glück aus der Musik fließen kann.

Musik sei zur Rekreation des Gemütes, so hat bekanntlich Bach einmal geschrieben. Und das ist wohl wahr. *Rekreation* – das bedeutet in unserer heutigen Sprache wohl *Erholung*. Heute würde Bach vielleicht sagen: Musik gilt der Erneuerung der Seele des Menschen.

Natürlich bedarf man einiger Anleitung, um zu lernen, Musik zu hören. Das ist wie mit Sprechen und Lesen und Schreiben, das muß man als Kind auch alles erst lernen. Ich hatte Glück in meiner Kindheit; denn dank meiner Mutter und dank meiner Schule habe ich relativ früh gelernt, Musik zu hören. [...]

Ich las jüngst in einem Hamburger Wochenmagazin, die Zeit sei *„reif, die Säule Bach abzuklopfen, und siehe da, die Säule wankt"*. Der „Spiegel" kann eben keine Autorität ertragen, es sei denn die eigene. Und in der „Zeit", der ich selbst verbunden bin, war gleichzeitig zu lesen: *„Bachs Musik ist der Bernstein, darin die frohe Botschaft überdauert. Bach ist die Religion für Atheisten."* Auch dies – wie mir scheint – eine Überheblichkeit, wie sie im heutigen deutschen Geisteszustand leicht aus der Feder fließt oder über die Zunge kommt.

Vielleicht hatte der Autor eigentlich bloß gemeint, Bach könne eine Religion sein, selbst und sogar auch für Atheisten. Dergestalt umformuliert könnte man vielleicht jenes Diktum gelten lassen. Aber man darf dabei Bach nicht mißverstehen; denn jenem oft zitierten Satz, jenem oft zitierten Wort aus seiner Feder über den Zweck der Musik, der *„Rekreation des Gemüts"* zu dienen, diesem Wort geht ein anderes voraus, nämlich: Zweck aller Musik solle nichts anderes sein, *„als nur zu Gottes Ehre"* – und zur Rekreation des Gemütes zu dienen. [...]

Bachs Musik ist also an vielen Stationen des Lebens für mich immer erneut eine Quelle des inneren Friedens gewesen – zugleich der

Sammlung der eigenen Kräfte und eine Quelle der inneren Gelassenheit. Für mich ist sie – um mit Goethes Wort zu sprechen – *„herrlich wie am ersten Tag"*. Und ich gebe Joachim Kaiser recht, der letztes Jahr in der „Süddeutschen Zeitung" zu Weihnachten geschrieben hat: *„Es gibt keine Formel, keine griffige These, die hilfreich definierend Johann Sebastian Bach erklären könnte. Dazu ist er zu groß."*

Alles, was zu Bachs Zeit politische und gesellschaftliche Wirklichkeit bedeutete, das ist nun schon längst vergangene Geschichte. Die Konflikte von damals sind längst begraben und beinahe vergessen. Unsere politische Gegenwart trägt von ihnen keine Spuren mehr, es sei denn die Parallele, daß auch damals Deutschland sich langsam von materiellen und geistigen Verwüstungen zu erholen suchte, die der Dreißigjährige Krieg angerichtet hatte. Die Schatten jenes Krieges haben lange auf Deutschland gelegen, und sie haben manche Fehlentwicklung, manches Zuspätkommen der deutschen Nation und auch manche Übertreibung nach sich gezogen.

Bach ist aber nicht Geschichte, sondern ist Gegenwart und Zukunft. Er war einer der größten Deutschen. Aber sein Deutschtum hat nicht seine Musik bestimmt; denn er holte sich seine Anregungen aus vielen Himmelsrichtungen – vor allem aus Italien, zum Beispiel von Vivaldi. Dennoch hat Bach auf das stärkste die deutsche Musik bestimmt und sie beeinflußt. Mozart, Beethoven, Brahms und viele andere haben sich dazu bekannt. Es war wohl Ausdruck des oft gefährdeten und oft mißbrauchten deutschen Nationalgefühls, daß einige Bach bisweilen sehr eifersüchtig zum deutschen Musiker par excellence stilisiert haben und daß seiner Musik die Verdrehtheiten und die künstlichen Überhöhungen des deutschen Nationalismus unterlegt worden sind.

Dennoch, das möchte ich sagen: Kein Volk kann ohne geschichtliche Identität auskommen. Und wenn einige Leute unsere deutsche Vergangenheit nur als eine Kette von Versagen und Versäumnissen und Verbrechen wahrgenommen wissen wollen, dann kann die Gegenwart, dann kann die Zukunft unseres Volkes ins Schwanken geraten. Die Zukunft kann verloren werden. Eine solche Geschichtsauffassung kann zur sich selbst erfüllenden Prophetie werden. Sie kann neue Katastrophen zeugen.

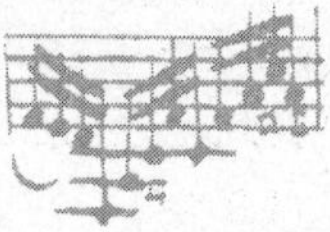

LARS GUSTAFSON

DIE STILLE DER WELT VOR BACH

Es muß eine Welt gegeben haben vor
der Triosonate in D, eine Welt vor der a-moll-Partita,
aber was war das für eine Welt?
Ein Europa der großen leeren Räume ohne Widerhall,
überall unwissende Instrumente,
wo das Musikalische Opfer und das Wohltemperierte Klavier
noch über keine Klaviatur gegangen sind.
Einsam gelegene Kirchen,
in denen nie die Sopranstimme der Matthäuspassion
sich in hilfloser Liebe um die sanfteren
Bewegungen der Flöte gerankt hat,
weite sanfte Landschaften,
wo nichts zu hören ist als die Äxte alter Holzfäller,
das muntere Gebell starker Hunde im Winter
und – wie eine Glocke – Schlittschuhe, die blankes Eis ritzen;
die Schwalben, die durch die Sommerluft schwirren
die Schnecke, in die das Kind hineinhorcht
und nirgends Bach nirgends Bach
die Schlittschuhstille der Welt vor Bach.

PABLO CASALS
DIE QUINTESSENZ ALLER MUSIK

Mein Vater kam einmal die Woche von Vendrell herüber, um mich zu besuchen. Wir gingen zusammen spazieren, streiften auch gelegentlich durch die Musikläden und stöberten in den Noten; nach ein paar Stunden mußte er dann wieder nach Hause. [...]

Eines Tages sagte ich meinem Vater, ich brauchte unbedingt etwas Solistisches, das ich im Café Pajarera vortragen könnte. Gemeinsam machten wir uns auf die Suche. Aus zwei Gründen werde ich diesen Nachmittag mein Leben lang nicht vergessen. Erstens kaufte mir mein Vater das erste Cello in voller Mensur – was war ich stolz, ein solch wunderbares Instrument zu besitzen! –, und dann machten wir halt vor einem Musikalien-Antiquariat in der Nähe des Hafens. Ich durchwühlte eben einen Stoß Musikalien, als mir plötzlich ein Bündel zerfledderter und stockfleckiger Notenblätter in die Hände fiel. Es waren die Solo-Suiten von Johann Sebastian Bach – Stücke für Cello allein! Ich schaute ziemlich fassungslos drein: *Sechs Suiten für Violoncello solo?* Welcher Zauber, welches Geheimnis verbarg sich hinter diesen Worten! Nie hatte ich von der Existenz dieser Suiten etwas gehört; niemand – auch meine Lehrer nicht – hatte sie vor mir auch nur erwähnt. Ich vergaß, wozu wir eigentlich den Laden betreten hatten. Ich konnte nur noch auf die Notenblätter starren und sie streicheln. Die Erinnerung an diese Szene ist mir auch heute noch nicht verblaßt; heute noch, wenn ich den Einband dieser Suiten betrachte, fühle ich mich in jenen alten, modrigen Laden zurückversetzt, in dem es ein bißchen nach salziger Meeresluft roch. Ich jagte nach Hause; preßte dabei die Noten an mich, als ob es Kronjuwelen wären, und in meinem Zimmer angelangt, stürzte ich mich kopfüber in diese Musik, las sie, studierte sie wieder und wieder. Ich war damals dreizehn Jahre alt, aber die folgenden achtzig Jahre hat sich mein Staunen über diese meine Entdeckung nur noch vergrößert. Diese Suiten eröffneten mir eine ganz neue Welt. Ich begann, sie mit unbeschreiblicher Erregung anzuspielen; sie wurden meine Lieblingsstücke. Ich studierte sie und arbeitete an ihnen, die nächsten zwölf Jahre Tag für Tag. Jawohl, zwölf Jahre sollten vergehen, ehe ich mit fünfundzwanzig den Mut aufbrachte, eine jener Suiten öffentlich im Konzert vorzutragen. Bis dahin hatte kein Geiger, kein Cellist jemals eine der Bachsuiten ungekürzt gespielt. Man spielte einzelne Sätze – eine Sarabande, eine Gavotte, ein Menuett. Aber ich spielte die Suiten ganz – vom Präludium an durch alle fünf Tanzsätze mit sämtlichen Wiederholungen, die jedem der Stücke seine wundervolle Einheitlichkeit, seinen Duktus, seine Struktur, seine architektonische und künstlerische Fülle verleihen. Man hatte diese Suiten für akademisches Zeug gehalten, für mechanischen Etüdenkram ohne musikalische Wärme. Man muß sich das einmal vorstellen. Wie konnte ein Mensch sie kalt finden – sie, die Poesie, Wärme und Raumgefühl förmlich ausstrahlen! Sie sind die Quintessenz von Bachs Schaffen, und Bach selbst ist die Quintessenz aller Musik.

OSKAR LOERKE

WIDMUNG
ZU DEN KLEINEN TANZSTÜCKEN J. S. BACHS

Sieh das Reis
In der Vase:
Es ist weiß
Vom greisen Mond,
Es ist leis
Mit Tau beschlagen,
Mit Kugeln aus Glase
Behangen:

Groß daran aufgegangen
Ist Mond bei Mond,
Die alle reisend in den Weltraum ragen,
Alle brausend und bewohnt
Von Wesen aus Sagen –

Doch nur ein Reis,
Betaut, in der Vase.

KARL SCHAEZLER

TÄNZERISCHE MUSIK – ARITHMETISCHER HINTERSINN

Niemand wird leugnen, daß es von Bach tänzerische Musik gibt, auch wenn es nicht Gebrauchs-, sondern stilisierte Tänze sind. Und was das Merkmal wie das Brandmal im nächsten Sinn tänzerischer Musik bildet: Formalismus, hat man denn auch Bach, zumal in der Zeit der Spätromantik, zur Last gelegt. Wo man die Kunst schlechthin nur als Mittel zu einem – etwa gar politischen – Zweck gelten ließ, war das ein so schwerwiegender Vorwurf, daß man ihn um jeden Preis hinwegdisputieren mußte. Oft war es ein falscher Idealismus, der für das Spiel auch in der Musik keinen Sinn mehr hatte. Walter Dirks hat jedoch einmal gesagt, es gehöre zur Würde des Menschen, daß er nicht nur spielen *kann,* sondern spielen *darf,* weil nämlich Gott die Welt trägt. Bachs Spielfreudigkeit sehen wir außer in Tänzen am Werk in vielen Teilen sonstiger „absoluter" Musik wie in Variationen – zu denen doch auch die Chaconnen gehören! –, in Präludien und Suiten, Tokkaten und Konzerten bis hinein in die Brandenburgischen. Wer hier überall problematisieren wollte, käme auch zu gefährlichen Folgerungen in der Aufführungspraxis! [...]

Für Bachs Hörer waren jene Symbole ebenso wie für den Meister selbst noch durchaus lebendig. Weil sie der Folgezeit aus dem Bewußtsein gerieten, wurde Bach in seiner übermusikalischen Größe nicht mehr verstanden und entgehen sie uns oder belasten sogar bei der Aufnahme, die immerhin beim überwiegenden Teil von Bachs Werken keine nur ästhetisch-genießende sein dürfte. Am allerfernsten ist uns wohl die Zahlensymbolik gerückt, die für Bach in manchem geradezu bindend gewesen zu sein scheint und, mindestens seit den Pythagoreern, im abendländischen Geistesleben eine heute kaum mehr vorstellbare Bedeutung hatte. Wer käme noch auf den Gedanken, wie Augustinus Elf als die Zahl der Sünde zu bezeichnen, weil es die Zahl der zehn Gebote überschreitet; und von dem arithmetischen Hintersinn, der bis zur Barockzeit in den Proportionen des Kirchenbaues mitsprach, wird der moderne Mensch nicht mehr viel auffassen. Ebenso wird bestimmt kein Hörer mehr die zehn Einsätze mitzählen, die Bach bei dem Choral „Dies sind die heiligen zehn Gebot!" genau einhält, oder – schon bedeutsamer – heraushören, daß in der Kantate „Weinen, Klagen, Sorgen, Zagen" das Tonsymbol für das Kreuz im Hauptteil neunmal auftritt [drei mal drei bedeutet den Glauben!] und im ganzen siebenundzwanzigmal [also drei mal drei mal drei]. Dennoch tut sich uns Bachs Gedankenfülle erst dann ganz auf, wenn wir etwa beachten, daß in der Kantate „Es ist das Heil uns kommen her" die Stelle, wo die Spitzentöne den Anfang des Weihnachtsliedes „Vom Himmel hoch, da komm ich her" in Erinnerung bringen, gerade zehnmal vorkommt, weil durch die Menschwerdung des Gottessohnes das Gesetz der zehn Gebote erfüllt war!

WOLFGANG RIHM

BESTECHENDE TRADITION

Tradition ist immer noch Schlamperei, nur daß diese Schlamperei inzwischen Tradition hat. Schon daß Traditionen „gepflegt" werden müssen, zeigt, wie siech sie sind. Wenn etwas etwas ist, ist es nicht schlimm, daß es gelegentlich untertaucht. Die „Entdeckung" wird völlig neue Perspektiven zu Tage fördern. Bestes Beispiel: Bach. Seine Entdeckung half einer ganzen Musikepoche, der Romantik, zu ihrem Selbstverständnis. Wäre er nicht vergessen gewesen, sondern „gepflegt" worden – fraglos wäre Bach wirklich *der* folgenlose Kirchenkomponist geworden, zu dem ihn zu machen sich unsere Zeit wieder tapfer regt. [...]

Auf Tradition ist kein Verlaß. In dem Augenblick, da Kunst entsteht, die später als „in der Tradition von" rezipiert wird, gibt es eben diese Tradition noch gar nicht, und was sich in zweiter Linie später dann auf genau diese „Tradition" beruft (die es nicht gab, als sie entstand), dem haftet bereits das Abgeleierte, Dünnblütige des Nachgelebten an. [...]

Ich muß erneut beginnen: Tradition, wie sie, heutigem Sprachgebrauch nach, von hinten aus der vergangenen Zeit, nach vorne ins Gegenwärtige, sich zieht, kann eigentlich nur die eigene Kriechspur sein, die wir mit geschichtlicher Folgerichtigkeit verwechseln.

Bach ist die Verpflichtung zur Vielfalt. Ungehörig, anstößig vielfältig zu sein setzt in Gegensatz zur edlen Einfalt. Bach ist wunderbar und uneinfältig. Dabei: die Kontinuität der Arbeit. Unbescheiden dicht. Gotteserfindung im Augenblick. [...]

Auch, daß Bachs Musik so sehr teil hat am Prozessualen des Lebens (– allein ihre Fortzeugung, während sie erklingt, Fortzeugung in ihr selbst –), macht sie konsistent, unanfällig, gleichsam imprägniert, unabweisbar, elastisch. Sie hat substantiell teil an dem, durch das sie sich begibt, sie hat *von* diesem Teil, besteht davon her: vom Lebensprozeß. Sie kann von diesem also nicht angegriffen werden wie eine Musik, die sich dagegen stemmt, auflehnt. Darin ist sie Mozarts Musik ähnlich. Die kontinuierlich ansteigende Wertschätzung, die als Rückfluß von eben diesem „Leben“ an diese Musik zurückgelangt, kann verstanden werden als eine in der Hinwendung (das Verständnis nimmt ja nicht zu, es „versteht“ sich nur immer anders) kreislaufhafte Selbstverschlingung bei gleichzeitigem Strukturzuwachs. Gleiches im Gleichen. Durch-Einander.

... lange Zeit nichts ...

Heute blüht ein Traditions-Umgang, der die Tradition nur umgeht, von ihr das Vestiment leiht und die Gestalt – auch als Körper – verschmäht.

Der Leih-Frack ...

Von daher: das Schäbige vieler Traditionalisten. Die Vorwände: der Hörer und nochmal der Hörer, sogar die Ökologie, das endlich Menschliche (das sich als sehr endlich erweist), der übliche Schwachsinn, dieser vor allem vorgebracht von traditionell Fortschrittlichen, mit ihrem Sinn für Schwäche und ihre Schwäche für Sinn. Tradition, wie ein schicker Schall, umgelegt, angenehm fühlig; (Bach) für Aufsteiger, wenn sie einmal aussteigen wollen. Der seltsame Charakter, der ein Wort wie *Entspannung* heute hat: einmal vorm raketenstarrenden Hintergrund der Freizeitgesellschaft, dann hinterm fitnessportiven Psychostreß einer auf vordergründige Effektivität gestylten Einsatzgruppengesellschaft.

... das war zuviel ... Das Pausenlose der meisten Bach-Musik ...

Immer auf der Flucht. Fugitiv –

Immer auch Halt gegeben. Bei sich. [...]

Es findet sich alles bei Bach. Bach nimmt jede Suche auf, gibt ihr einen Fund. Sein Findungsreichtum zieht Suche an. Bachs Musik nährt die Ahnung von ihrer Reichheit noch vor dem Erleben ihres wirklichen Reichtums an Gestalten und Verbindungen, Ebenen und Parallelen. Sie nährt diese Ahnung dadurch, daß sie sich in Erscheinung und Gangart nicht verbirgt hinter falsch bescheidener Zurückhaltung. Bachs festes Auftrumpfen ist Bestandteil einer Persönlichkeitsstruktur, die sich komplex ausspricht, verschlungen aspektreich, immer vieldeutig, mitführend, nicht aussondierend.

Eine solche Disposition kann aber nicht Tradition werden, aus dem einfachen Grund, weil sie nicht zur Disposition *steht.* Es ist einfach nicht Voraussetzung jeder Kunstepoche, daß sie mit solchen Typen (des Typus Bach) rechnen kann. Wir nähren heute einen Traditionsbegriff, der viel mit der Kunstverdrängung aus unserem Persönlichkeitsbegriff zu tun hat. Dadurch wird Kunst wirklich zum schönen Schein und in der nächsten Potenz „für wenige", was sie ja schon von sich aus ist, aber durch Zuteilung einer Sonderstellung *neben* dem definierten Personalrahmen, den die Gesellschaft für jeden bereithält, verstärkt gezwungen ist zu sein. Kunst – wegdivinisiert aus dem Möglichkeitsradius der individuellen Personalisation – bekommt etwas Popanzhaftes. Es darf auf sie – die Kunst – eingeschlagen werden, die Dämonen dürfen vertrieben werden, auch wenn es nur hausgemachte sind, die von selbst flüchten, weil sie sich ängstigen. Bach – einmal der fünfte Evangelist – steht für das Unnötige, Absurde, an *sich* selbst absurd gewordene Angemaßte. Vielleicht wie eine Zehnte von Beethoven, oder wie das achte Weltwunder, das dritte Auge, ein fünftes Rad.

Worin also das Bestechende an Tradition: Sie ist Waffe gegen Kunst. Sticht diese aus. Kunst – nach dem Stich von Tradition – schwärt. Denn diese Tradition ist nicht die Tradition der Kunst, sondern ein unbezogener Scheinwerfer für die Erhaltung eines traditionalistischen Denkens über die Kunst. Kunstfeindlich. So wird das Operieren mit Tradition interessant für mediokre Kunsturheber, muffige Politiker und schlafende Rezipienten. Bach muß man diesen entreißen. (Daß ich nicht nur Bach meine, weiß jeder.)

Bach – immer wieder auf Seiten der schiefen Tradition? Reklamiert von Gestrigen und Frömmlern? Schlägt Kraft einmal um in Pflicht, sind Hüter dieser Pflicht zur Stelle, die in die Pflicht nehmen – selbstverständlich in *ihre* Pflicht, deren Substanz gar nicht von ihnen stammt –, was an neuer Kraft sich regen könnte. Trotzdem ist es symptomatisch, daß nicht Mozart und Beethoven oder etwa Schumann Stilverpflichtung bis ins Semireligiöse ausgelöst haben. Sicher Verehrung mit grotesken Zügen (Mozart als Kugel, Beethoven als Schattenriß im bürgerlichen Interieur, gleich dem Geweih des auch nicht selbstgeschossenen Bocks, ein Stück Auflehnung, die man in sich verdrängt spürt ...), sicher mit Zügen verdrängender Nivellierung (der heitere Mozart, Titan Beethoven, der irre Schumann ...) und Züge der Berührungsangst (vor allem im wissenschaftlichen Bereich, wo der *Körper* einer Kunst oft ängstlich umgangen wird, pietistisch manichäisches Erbe), niemals aber wuchs der Physiognomie eines Komponisten diese Art Heiligsprechung zu, wie sie in Bachs fünftem Evangelistentum gipfelt. Und heilig ist Bach ja nicht gesprochen, weil er inzwischen so aussieht, sondern weil seine Schrift, der Modus seiner Klangsprache, Züge einer *heiligen* Schrift angenommen hat. [...]

Bach wirkt zentriert. Sicher nicht nur auf Gott. Aus sich heraus. Die eigene Schwerkraft seiner Musik gewinnt ihre Energie, um in Bewegung zu geraten, aus der Eigenbewegung ums Zentrum. Sie bewegt sich immer *in* sich. Das verstärkt den Eindruck des Maßes. Aber das ist kein Maß, am ehesten: Unmaß. Es ist die Übereinstimmung von Bewegung und Bewegungsraum. Beide definieren sich aus einander, durch einander. Die Architektur entsteht gleichzeitig mit dem Klang, der in ihr erschallt.

Aber – ich weiß nicht.

DIMITRIJ SCHOSTAKOWITSCH

TIEFE MENSCHLICHKEIT UND WAHRER HUMANISMUS

Das ständige Hinneigen der Komponisten nachfolgender Generationen zu Bach ist durch mancherlei Ursachen bedingt; unter anderem durch die außerordentliche historische Stetigkeit seiner Kunst. Trotz der gewaltigen kulturhistorischen Verschiebungen im Leben der Völker und Länder, der gewaltigen Veränderungen, welche die Musik durchgemacht hat, bewahrte die Kunst Bachs in vollem Umfange die Kraft ihrer unmittelbaren Einwirkung auf den Hörer und blieb das gewaltige Beispiel kompositorischer Meisterschaft. Wovon hängt diese hervorragende Eigenschaft der Bachschen Musik ab, und wodurch wurde sie hervorgerufen? Was müssen wir von Bach lernen? Die tiefste Verbundenheit seiner Schöpfungen mit dem irdischen Menschenleben. Das Volkslied und der lutherische Choral sind der Urgrund der Bachschen Thematik. Das ist aber nur ein Teil dessen, was die Volkstümlichkeit Bachs bestimmt. Für ihn ist das Volkstümliche nicht nur das Volkslied, sondern überhaupt das gesamte musikalische Erbe seiner Zeit. Dieses und die ganze Kultur des musikalischen Denkens, welche von den Völkern in ihren besten Vertreten im Laufe der Jahrhunderte erkämpft wurde, bilden seinen unverlierbaren Besitz. Bach studierte und hat in sich aufgenommen alle Errungenschaften der gesamten Kunst seiner Epoche, doch blieb er dabei stets ein nationaler Künstler. Im Schaffen Bachs kristallisierte sich der reine und originale Stil der urwüchsigen deutschen Musiker auf den Höhen der Schaffenskultur seiner Epoche und seines Volkes.

Die gewaltige Gedankenarbeit, welche in Bachs Kunst ihren Niederschlag gefunden hat, ließ ihn dem 19. Jahrhundert als schwerfälligen und langweiligen scholastischen Komponisten erscheinen. Später haben die Hörer Bachscher Musik das Lebendige und Bildhafte seiner Musik nicht genug bewundern können. Das Realistisch-Konkrete des Bachschen Schaffens unterliegt keinerlei Zweifeln. Mit Lebendigkeit und Schärfe, welche ihm jeder Komponist neiden kann, findet das menschliche Gefühl einen Widerhall. Nicht selten und stets prägnant gibt er Bildnisse der Leidenschaften und Charaktere, auch Bildnisse der Natur. Eine hervorragende Eigenheit Bachs besteht darin, daß alle seine künstlerischen Gestaltungen einer gewaltigen Gedankenarbeit unterworfen sind. Als Ergebnis entstehen aufstrebende, geschlossene musikalische Konzeptionen, in denen alles Zufällige, Empirische, Kunstvergängliche oder eng Subjektive ausgeschieden ist. Die Bachsche Fuge ist ein komplizierter und bis zu den geringsten Einzelheiten innerlich in Einklang gebrachter Musikorganismus. Die Form ist für ihn nicht Selbstzweck. Dank der tiefen Strenge und der realistischen Objektivität der Ausdrucksmittel wird die Bachsche Fuge für ewige Zeiten den Ausdruck menschlicher Leidenschaften und Charaktere behalten. [...]

Für uns ist das Erbe Bachs ein Ausdruck der tiefen Idee des Menschlichen, die nie besiegt werden wird durch die Mächte des Dunkels und des Wahnsinns. Für uns ist das Erbe Bachs ein Ausdruck des leuchtenden Gefühls der Begeisterung, der Menschlichkeit, des wahren Humanismus, der der dunklen Welt des rohen Bösen und der Menschenverachtung gegenübersteht.

WOLF BIERMANN

DIES STÜCK IST MEINS

Bachs Kantate Nr. 21: Was ist das? Es ist ein Stück Musik, strukturiert wie die Reklame mit dem Vorher und Nachher: Vorher hatte ich eine Glatze, nachher wuchsen mir wieder die Haare. Das Mittelchen kann eine Salbe sein oder eine Illusion, ein fester Glaube oder irgendeine andere Lebenslüge. Das Modell ist das gleiche: Erst ging's mir sauschlecht – nun geht's mir wieder gut. Oder so: Ich erstickte in Gewissensnöten, nun bin ich wieder im reinen mit mir. Oder so: Ich glaubte weder an Gott noch an die Menschen, noch an mich selbst. Nun glaube ich wieder. Oder so: Ich wußte nicht mehr weiter, jetzt kann ich wieder. Durch Nacht zum Licht – vom Regen in die Sonne – vom Schlechten zum Guten. Erst kaputt, nun wieder heile – so simpel ist die Mach-Art der Kantate No. 21. Gemacht allerdings ist diese Art mit höchster Raffinesse: Bach. Ich weiß womöglich selber nicht wirklich, was mich dermaßen begeistert an dieser Kantate. Ist es die Musik, oder sind es die Worte? Sagen wir erst mal so: Es sind diese Worte, eingegossen in diese Musik. Aber das ist halt auch nur ein Wort. [...]

Aber die Liebe, die richtige große Musik-Liebe? Ich liebe eigentlich nur Bach. Ich liebe erstens den Bach, zweitens Bach, drittens Bach – na und Bach! Und ich meine damit nicht die ganze bucklige Verwandtschaft im Stammbaum dieser Genies, ich meine nur den einen, den Alten. Und das geb' ich zu: Es gibt originellere Neigungen.

Vom unendlichen Bach wiederum liebe ich eigentlich seine Kantate Nr. 21: „Ich hatte viel Bekümmernis". Dies Stück ist meins. Ich habe es mir rausgerissen. Reingezogen habe ich es mir immer wieder und in sehr verschiedenen Lebenslagen. Ihnen, meine Dame, gehörte es vielleicht auch, aber anders.

Warum ich es so sehr liebe? Warum, warum! Dämliche Frage! Seit wann braucht Liebe Gründe. Und Liebe will auch gar keine nahrhaften Begründungen zugefüttert kriegen. „Ich liebe dich, weil …“ In diesem Satz lauert schon der Tod. Wie Gift wirken die allerbesten Vernunftsgründe. Und weil wir's im Grund alle selber, wenn auch abgestumpft, erfahren haben, gefällt uns der scharf formulierte Satz von Blaise Pascale: Er schrieb: „Le cœur a ses raisons que la raison ne connait point.“ Zu deutsch: „Das Herz hat seine Vernunftsgründe, die der Verstand gar nicht versteht.“

Soweit vom Herzen, und genug damit.

Von nun ab bemühe ich den Verstand (will sagen: meinen) und liefere nun doch ein paar gute Gründe hinterher.

„Ich! Ich! Ich! Ich hatte viel Bekümmernis in meinem Herzen …“ So fängt es ja an.

JOHANNES BOBROWSKI

J. S. BACH

Unbequemer Mann,
Stadtpfeifergemüt mit Degen
wie mit Neigung zum Sentiment
(praktikabel, versteht sich),
einer Kinderfreude
an plätschernden Wassern, stetig
wirkendem Gang der Flüsse;
so sind der kahle Jordan
und der von Himmeln trächtige
Euphrat ihm
freundlich.

Daß er die Meerbucht sah –
einen dort, der herging
hinter Feuern unsichtbar,
der die Planeten rief
mit einer alten Qual, –

manchmal
im blitzenden Köthener Spiel,
im Bürgerprunk
der Leipziger Jahre
taucht das herauf. Zum Ende
hat er des Pfingstgeists Sausen
nicht mehr gehört mit Trompete
oder Posaune (auf 16 Fuß).

Flöten gehen ihm voraus,
als er müdegeschrieben
tritt vor sein altertümliches Haus,
den fliegenden Wind
spürt, die Erde
nicht mehr erkennt.

E. M. CIORAN

MUSIKALISCHER GOTTESBEWEIS

Wenn wir Bach hören, sehen wir Gott *aufkeimen,* sein Werk ist gottheits*gebärend.*
Nach einem Oratorium, einer Kantate oder einer Passion, *muß* er existieren. Sonst wäre das gesamte Werk des Kantors nur eine zerreißende Illusion.

... Wenn man bedenkt, daß so viele Theologen und Philosophen Tage und Nächte damit verloren haben, nach Gottesbeweisen zu suchen, und den eigentlichen vergessen haben ...

—

Solange Händel an seinem „Messias" gearbeitet hat, fühlte er sich in den Himmel versetzt. Wie er selbst gesteht, ist er erst, als sein Werk beendet war, auf die Erde zurückgekehrt. Dennoch ist Händel, mit Bach verglichen, von *hier unten.* Was bei dem einen göttlich, ist bei dem anderen *heroisch.* Die *irdische Fülle* ist typisch für Händel: eine Verklärung *von außen.*

WILHELM DILTHEY

NICHTS MENSCHLICHES WAR IHM FREMD

Die großen Schriften Luthers gehörten der Zeit an und haben sich im Bewußtsein der lutherischen Gemeinde nicht erhalten. Das Kirchenlied, die Einrichtung des Gottesdienstes, die Musik, die sich daran anschließt, sind der Ausdruck der Innerlichkeit des Protestantismus für das allgemeine Bewußtsein der Gemeinde; hier war die Möglichkeit da, die protestantische Religiosität gleichsam in die Äternität zu erheben. Dies geschah in der lutherischen Religion durch Sebastian Bach. Die Beobachtung der eigenen religiösen Zustände, sofern sie erlebt werden, vermag nur Weniges von einer Religiosität bewußt zu machen; wie arm wäre das Bewußtsein einer Zeit von ihrer Religiosität, wenn auch die lebendigste religiöse Persönlichkeit beobachten wollte, was in ihr vorgeht, und in Begriffen es darstellen! Indem nun aber der ganze Einfluß des Seelenlebens eingeht in den lyrischen Ausdruck im Wort oder in den musikalischen, erhebt sich eine Zeit zum Bewußtsein ihrer eigenen Religiosität. Nun kommen ihr aus den Werken der religiösen Dichter und Musiker Innerlichkeiten des religiösen Lebens zum Bewußtsein, die sonst in letzten Tiefen verborgen schlafen; eine Fülle, die in keine Reflektion je eingeht, eine Kontinuität, die die leisesten Bewegungen der Seele einschließt, stellt sich nun in dem Ausdruck dar. So besaß die große Zeit der protestantischen Religiosität im Kirchenlied in beschränktem Umfange, in der Predigt, vor allem aber in der religiösen Musik das Bewußtsein ihrer eigenen Fülle und unendlichen Tiefe.

Und wenn nun alles, was im Wort sich darstellt, die Vergänglichkeit der Begriffe in sich trägt: die Musik, welche nur die Dynamik der Seelenzustände zum Ausdruck bringt, erhebt dadurch über die Grenze des Zeitlichen hinaus den Gehalt einer Religiosität. Das, was eigentlich dies hervortreibt und in Wirkung erhält, ist Zuständlichkeit von Unbefriedigung in der Vergänglichkeit, von Sehnsucht, von erreichter Stärke und Festigkeit, und es ist nur die zeitliche Form, welche die historischen und dogmatischen Begriffe hierfür geben.

So gewinnt die Musik innerhalb der Religiosität eine eigentümliche Bedeutung für diese. Immer ist dieselbe daran gebunden, daß Stimmungen durch irgend eine Art von Ausdruck, von Übung, festgehalten werden für das Individuum und für die Gemeinschaft. Welche unendlichen Mittel besaß der Katholizismus, dies zu tun! Sein Gottesdienst, seine Sakramente, seine religiösen Übungen waren eine beständige, nie abreißende Reihe solcher Hilfsmittel, eine Technik des religiösen Lebens. Der Protestantismus hat hiervon das meiste verworfen – religiöse Poesie und Musik sind ihm die wichtigsten Mittel gewesen, die religiösen Zustände festzuhalten. *Bach* und *Händel* rufen uns heute noch zurück in den Bann der Stimmung, die die großen protestantischen Zeiten beherrscht, sie sind die Organe, durch welche wir ihre religiöse Welt in letzten Tiefen verstehen, in einer Eigenart der Dynamik, der Gemütskraft, in welche Worte niemals hinabreichen. [...]

Religiosität ist getragen von der historischen Überlieferung, die christliche vor allem von einem historischen und legendaren Glauben; aber ihre Lebendigkeit hat sie doch in den allgemeinen menschlichen Stimmungen, welche zu ihr hinziehen und jedem religiösen Zustand seine innere Notwendigkeit geben. So ist die ungeheure Phantasie *Bachs,* welche die großen Kantaten und Oratorien geschaffen hat, letztlich genährt von seiner Übung und Kraft, die seelischen Zustände als solche zu erleben, auszudrücken, Mittel des Ausdrucks für sie zu finden ... Bach ist nicht religiöser Musiker in fester Beschränkung; wie wäre dies auch möglich gewesen auf solchem Höhepunkt weltlicher Musik, in solchem Glanz weltlicher Instrumentalmusik, wie sie ihn umgab: auch ihm war nichts Menschliches fremd. Man muß sich seine breite menschliche Persönlichkeit in ihrer freien Lebendigkeit sichtbar machen: seine heitere Weltfreude, seinen Humor, seine Melancholie, sein Spielen mit Instrumenten und Formen des musikalischen Ausdrucks, um zu verstehen, aus welcher allgemein menschlichen Tiefe seine Musik stammt, durch welche allgemeinen Seelenstimmungen sie genährt worden ist. Ein geheimnisvolles Verhältnis waltet zwischen dieser lebendigen Beweglichkeit seiner Stimmung und seiner musikalischen Phantasie und dann doch der festen Orientierung derselben durch die Bindung der Seele im Verhältnis zum Unsichtbaren. Er teilt diese Festigkeit mit den Menschen des XVII. Jahrhunderts, den Dichtern Gryphius, Fleming, in England Milton, mit den großen religiösen Charakteren der Oranier, und dieser Phantasiemensch ist zugleich ihnen allen überlegen in der lebendigen Freiheit, sich menschlichen Stimmungen zu überlassen.

WAS IST MIR JOHANN SEBASTIAN BACH UND WAS BEDEUTET ER FÜR UNSERE ZEIT?

(Antworten auf eine Rundfrage, die 1905 in der Zeitschrift *Die Musik* erschienen sind)

Carl Goldmark

Über Johann Sebastian Bach dürfte unter *Kundigen* keine differenzierte Meinung mehr herrschen. Für diese ist Bach Anfang und Ende. Ausgang und Rückkehr, Voraussetzung und Ernährung aller hohen musikalischen Kunst.

Tatsächlich haben Mozart und Beethoven auf die jungen Strebenden und Schaffenden der Gegenwart nicht den bestimmenden Einfluß wie Bach. Er ist wie das Weltmeer, von dem alle Flüsse ausgehen und zu ihm zurückkehren.

Für *Unkundige* aber ist er in solcher Ferne, in so unerreichbarer Höhe, daß ihn kein Kommentar diesen näher bringt oder auch nur begreiflich macht.

Joseph Joachim

Die Fähigkeit, auch in den kompliziertesten Formen die Phantasie wie fessellos herrschen zu lassen, ist keinem andern Tondichter in so hohem Maße wie Bach gegeben. Es ist, als stärkte die Polyphonie diesem Gewaltigsten nur die Macht, uns zu erschütternder Trauer, zu jauchzendem Jubel fortzureißen. Aber staunen wir ehrfurchtsvoll seine Größe an, so sind wir nicht minder beglückt durch seine Milde, die erquickend im einfachsten Lied, im kindlichsten Tanz unser Herz labt. Wie ein Urquell der Größe und Güte mutet uns seine Musik an. So kehren wir in Leid und Freud immer andachtsvoll zu ihm zurück.

Heinrich Reimann

Was mir *Sebastian Bach* ist? Eine leibhaftige Erscheinung Gottes in der Musik – „klar, doch unerklärbar", wie Zelter sagt; oder, menschlich gesprochen: die stärkste Individualität, die höchste, geistige Potenz, allumfassend, vorausnehmend, Jahrhunderten künstlerischer Entwicklung vorausgreifend, daher alle bedeutenderen Kunsterscheinungen in ihrem Wesentlichen in sich fassend. Auch solche, die Bachs Kunst gar nicht oder nur wenig gekannt haben. Händels monumentale, oratorische Prachtbauten, Mozarts ewig blühende Schönheit, Beethovens tiefinnerlichste Erhabenheit, Schuberts Gemütstiefe und melodische Innigkeit, Schumanns fein ziselierte poetische Linie wie das Malerische seiner musikalischen Romantik – das alles hat, gleichviel ob bewußt oder unbewußt, Anteil am Wesen Bachs, ist bei ihm bereits angedeutet, oft schon erheblich entwickelt, und selbst Wagners Ausnahmekunst ist in ihren echt musikalischen, harmonischen wie kombinatorischen Geheimnissen, dergleichen in der Höhenkunst dramatisch-musikalischen Ausdrucks nur Bachscher Kunst kongenial. Für mich ist deshalb Bach schon deshalb so recht eigentlich das Alpha und Omega in der Musik.

Richard Heuberger

Sebastian Bach ist für mich der Luther der Musik. Wie der Bergmannssohn aus Eisleben eine unerhört neue, wie Orgelton über die Welt hinbrausende Sprache aus den tiefsten Tiefen und letzten Heimlichkeiten der deutschen Volksseele heraufholte, so tat Bach in der Musik. Neben Luthers Bibel haben die Passionsmusiken Bachs ihren Platz [. . .]

Was mir Bach persönlich ist? Ich gestehe, noch nie ein größeres Werk begonnen zu haben, ohne mich vorher mit Bach zu beschäftigen. Erlahmt im Laufe der Arbeit die Schaffenskraft, schleichen sich rhythmische, harmonische oder melodische Gleichmäßigkeiten ein, so greife ich wieder zu Bach, und an seiner grenzenlosen Erfindungsgabe, seiner kühnen Harmonik, seinem unerschöpflichen Kombinations-, Formen- und Ausdrucksreichtum, an seiner abgründischen Innerlichkeit stärke, erbaue, erhebe ich mich jedesmal.

Julius Röntgen
Was ist mir Sebastian Bach? – Ich fühle mich dabei wie ein Faust, als Gretchen ihn fragt: „Nun sag', wie hast du's mit der Religion?" Für das Höchste Worte zu finden, ist ja nicht möglich und immer wieder wird es heißen: „Gefühl ist alles, Name ist Schall und Rauch." Doch will ich mir Ihre Frage einmal negativ vorlegen: was wäre die Musik *ohne* Bach? Wie leer wird es da plötzlich um mich, ohne Wohltemperiertes Klavier, ohne Matthäuspassion, ohne h-moll Messe, ja nur ohne die eine unendliche Melodie der D-dur Violin-Arie! Würde uns nicht das Allerhöchste unsrer Kunst fehlen, etwas, das wir eben nur und allein in Bach finden?

Julius Smend
Was ich immer neu bewundere, ist das in seiner Art unbegrenzte Vermögen der Formgebung. Bach ist *Baumeister* von schier wunderbarem Können. Man denke ja nicht bloß an die größten Gebilde seiner Kunst, sondern daneben an das Kleine und Kleinste. Kühn ist er hier wie dort, aber die Kühnheit wird ergänzt durch eine seltene Selbstbeherrschung. Wir reden gern von der Strenge seiner Formen; aber welche Weichheit der Linien macht sich gleichwohl geltend. Die durch ein inneres Gesetz gebändigte Urkraft läßt uns gleicherweise staunend von ferne stehen und liebend nahe treten. Und es gibt unter den Größten gewiß nicht viele, die auf Verstand, Gemüt und Wille so beruhigend wirken wie dieser den ganzen Menschen bewegende Geist.

Ruggiero Leoncavallo
Was ich besonders an seinem ungeheuren Werk bewundere, das ist die große Klarheit, die Logik seiner immer neuen Erfindungs-

gabe, ohne jene fieberhafte und erzwungene Künstelei, die Ermüdung verursacht, ohne die Seltsamkeit verletzender Akkordfolgen. Er führt dich mittels seiner mächtigen Ursprünglichkeit auf die Gipfel unbekannter Berge, und dort weist er dir mit ruhiger Gebärde neue Horizonte: blaue Meere, goldene Ebenen, purpurne Himmel, oder er erschließt dir die Pforten majestätischer Tempel, in denen du alle Reinheit der Religion, den ganzen Glauben, alle gläubige Einfalt findest. Und deine Knie beugen sich, und deine Lippen murmeln Gebete. Du hörst seine Suiten, seine Konzerte, seine Phantasien, seine Inventionen, und während ein unbekannter Reis mit einem Hauch wahrer Kunst dich liebkost, brauchst du nicht zu suchen, um zu verstehen; keinerlei Anstrengung ist notwendig, denn diese Form ist rein wie die Architektur eines griechischen Tempels oder eines römischen Forums. All das ist schön, groß, klar, und du bist genötigt, nach mehr als 100 Jahren eine von Mozart in Dresden gemachte Äußerung zu wiederholen, als er beim Anhören eines 60 Jahre vorher entstandenen Bachschen Werkes ausrief: „Endlich höre ich etwas Neues und kann etwas lernen!" Bach meisterte die ganze Skala. Hier ein perlendes Lachen voller Feinheit und Geist: in seinen Gavotten, Menuetts, Giguen, Variationen ... In seinen Suiten und Sonaten immer jener melancholisch-liebliche Unterton, wie der Duft einer unbekannten Blume, bei dem man der schwermütigen Stimmung des armen zehnjährigen Waisen in Eisenach träumerisch gedenkt. Im Oratorium endlich die volle Kraft des Genies mit allen Kühnheiten seiner Nachfolger. Man begegnet hier sogar dem Keim des dramatischen Rezitativs bei Gluck, all der naive Glauben der Figuren Giottos gepaart mit dem Reiz Botticellis, das gesamte Wissen und Können des Meisters in der vollen Herrschaft über seine Kunst, aber immer frisch und klar, klar, klar! Das ist meine Meinung über Bach. Was er für unsere Zeit bedeutet? Ich weiß nicht, was er bedeutet. Aber ich bin der Ansicht, er sollte der strahlende Leuchtturm sein, der der Kunst der Zukunft den Weg zeigen müsse in den erlösenden Hafen hehrer Inspiration, edlen Kunstschaffens und erhabener Klarheit.

Émile Jaques-Dalcroze
Mir ist Bach der einzige Klassiker, den ich zu jeder Jahreszeit, in jedem Augenblick, bei jeder Gelegenheit, bei Tag und Nacht – dies alles sowohl buchstäblich als figürlich verstanden – spielen kann, ohne je seiner überdrüssig zu werden, selbst wenn ich das betreffende Werk bereits gründlich kenne. Seine Musik entspricht meinem Bedürfnis nach Leben und Bewegung und meiner Vorliebe für wechselnde Rhythmen – ist doch der Wechsel im Rhythmus der Lebenspuls.

Albert Schweitzer
Was mir Bach ist? Ein Tröster. Er gibt mir den Glauben, daß in der Kunst wie im Leben das wahrhaft Wahre nicht ignoriert und nicht unterdrückt werden kann, auch keiner Menschenhilfe bedarf, sondern sich durch seine eigene Kraft durchsetzt, wenn seine Zeit gekommen. Dieses Glaubens bedürfen wir, um zu leben. Er hatte ihn. So schuf er in kleinen engen Verhältnissen, ohne zu ermüden und zu verzagen, ohne die Welt zu rufen, daß sie von seinen Werken Kenntnis nähme, ohne etwas zu tun, sie der Zukunft zu erhalten, einzig bemüht, das Wahre zu schaffen.

Darum sind seine Werke so groß, und er so groß als seine Werke. Sie predigen uns: stille sein, gesammelt sein.

Und daß der Mensch Bach ein Geheimnis bleibt, daß wir außer seiner Musik nichts von seinem Denken und Fühlen wissen, daß er durch keine Gelehrten- oder Psychologenneugierde entweiht werden kann, ist so schön. Was er war und erlebt hat, steht nur in den Tönen. Es ist das Erleben aller derer, die wahrhaft leben: Lebensfreude und Todessehnsucht, unvermittelt eins in einem reinen Willen. Die, welche ihn verstehen, wissen nicht, ob es seine Realistik oder seine Mystik ist, die sie so ergreift.

Es liegt etwas so unendlich Lebendiges und unendlich Abgeklärtes in seiner Stimmführung. Das ist keine Technik mehr, sondern Weltanschauung, ein Bild des Seins. Jede einzelne Stimme ein Wille, eine Persönlichkeit, alles frei, in Freiheit sich begegnend, so meidend, sich hassend, sich liebend, sich helfend und zusammen etwas einheitlich Lebendiges, das so ist, weil es so ist.

Eine Partitur Bachs ist eine Manifestation jener Urmacht, die sich in den unendlichen ineinanderkreisenden Welten offenbart. Man erbebt vor der Urmacht des Denkens bei ihm mehr, als bei Kant und Hegel.

Seine Musik ist ein Phänomen des Unbegreiflich-Realen, wie die Welt überhaupt. Nicht sucht er zum Inhalt die Form, sondern beides entsteht zusammen. Er schafft als Schöpfer. Jede Fuge ist eine Welt. Seine Werke sind Wahrheit.

Um ihn zu verstehen, bedarf es keiner Bildung und keines Wissens, sondern nur des unverbildeten Sinnes für das Wahre; und wer von ihm ergriffen ist, kann in der Kunst nur noch das Wahre verstehen. Er wird hart und ungerecht gegen das, was nur schön ist, worin keine Kraft und Sammlung, kein großes Denken lebt. Aber was in der Kunst aller Zeiten wahr und groß ist, lehrt er uns mit Intensität und Leidenschaft erfassen.

Das ist das gewalttätig Ungerechte dieser einzig großen Geister, daß sie erbarmungslos, ohne es zu ahnen, das Kleine und mittelmäßig Gute zertrümmern und nur das Große bestehen lassen. Aber das ist die Gerechtigkeit des Lebens, des erbarmungslos wahren Lebens.

COLOMBARA

AN EINEN ORGELMEISTER (HELMUT WALCHA)

rufe an das große glück und spiele BACH
laß mit fugen uns das all gewinnen
das in bildern selig wach
aus den innern himmeln brach
sich zu spiegeln in den frommen sinnen

spiele uns das schönste nachtgebet
mit den zungen allen stimmen:
fuge die das letzte licht erfleht
alle überflüsse noch erhöht
will die schöpfung immer neu beginnen

engelscharenglanz und litanei
hast erlauscht du und das klanggelingen
hast die seelenlust und es-durei
themen schönster blau-schalmey
durchgeführt ins sternenwiderklingen

spiele selig weiter spiele BACH
laß mit fugen uns das all gewinnen
das in bildern selig wach
aus den innern himmeln brach
sich zu spiegeln in den frommen sinnen

HANS WERNER HENZE

EINE NEUE MUSIKALISCHE SPRACHE

1.

Die Musik Johann Sebastian Bachs hat schon in ihrer Zeit, und dann in besonderem Maße seit ihrer eigentlichen Entdeckung durch die Romantik, auf die menschliche Seele, besonders auf die Seele der Deutschen, eine Wirkung ausgeübt, die immer noch zu wachsen scheint und in immer neuen Formen und Lesarten sich manifestiert.

Leidenschaft, gehärtet im Feuer der Technik, ist in dieser Musik zum tönenden Wort geworden, und auch wir heutigen Musiker und Nichtmusiker, spielen uns, identifizieren uns in diesen Klangbildern, mit dieser herben, nüchternen Sprache. Dem Komponisten unserer Zeit wohnt ihr Vokabular, wohnen die Zeichen im Bewußtsein, und bewußt (oder auch oft unbewußt) werden Bachsche Gesten ihm zu eigen, nehmen in seinen eigenen Partituren neue Bedeutung und neue Gestalt an. Ohne die Kenntnis der Bachschen Ton- und Vorstellungswelt wäre der Wortschatz der westlichen Musik um die Hälfte ärmer. Das mitteleuropäische Musikdenken hätte ohne den Einfluß, ohne die Präsenz Bachs, im 20. Jahrhundert einen anderen Weg finden und nehmen müssen: es fällt schwer, ihn sich vorzustellen. Und nicht von ungefähr kommt es, daß das 19. Jahrhundert, mit der Entwicklung neuen gesellschaftlichen Bewußtseins, das Bachsche Universum neu entdeckt und gedeutet und seine Inhalte und Gegenstände für sich beansprucht und auf sich bezogen hat, und so sind sie denn ja auch von unserer Zeit übernommen worden, damit an der Definition dieses Anspruchs und an seinen Darstellungsformen weitergearbeitet werden kann.

2.

Reden wir also von der Wirkung, vom Einfluß dieser alten Sprache auf unsere eigene Arbeit, versuchen wir, ihre lebhafte Gegenwart in der Vorstellungswelt der Musik im späten 20. Jahrhundert aufzuzeigen.

Der Einfachheit halber möchte ich die Berücksichtigung eines Teils dieser Wirkung beiseite lassen, nämlich den meistgenannten, den der Motorik. Er geht uns heute viel weniger an als die Komponisten der zwanziger Jahre, wo er sich auf die Musik der „Neuen Sachlichkeit“ und des Neobarocks niedergeschlagen hatte und selbst auf die der zweiten Wiener Schule in allen möglichen Erscheinungsformen, von den schulmeisterlichen bis zu den mondänen. Ich habe den Eindruck, daß die Bachsche Musik hier eine sehr viel weniger einflußreiche Rolle spielt als die der übrigen Barockmeister, so daß wir gar nicht berechtigt wären, geschweige denn gezwungen, die Motorik und das Ostinato der Neuen Musik als eine direkte Wirkung der Bachschen zu sehen. Nur selten hängt dieser ja etwas Motorisches oder Mechanisches an, es scheint eher, daß sie sich auch in ihren rhythmischen Inhalten so stark von der generellen Barockmusik unterscheidet, fast möchte man sagen: prinzipiell unterschiedet, daß man von Mißverständnissen sprechen sollte, wo immer ein Komponist der ersten Hälfte unseres Jahrhunderts in rhythmischen Dingen sich auf Bach bezogen zu haben glaubt, statt auf die Meister des Concerto grosso und anderer modischer Formen von Instrumentalmusik des 18. Jahrhunderts.

Denn die rhythmische Vorstellungs- und Zeichenwelt Bachs ist, im Gegensatz zu der seiner Zeitgenossen, bedeutungsreich. Das macht auch eine ihrer Schwierigkeiten aus, zu seinen Lebzeiten wie heute. Obwohl längst nicht alles verstanden, und nur unzulänglich semiologisch entschlüsselt ist darin, etwas wissen wir schon, daß diese Rhythmik (gerade dort, wo sie offensichtlich auf Konventionen wie denen des modernen italienischen Konzerts oder der französischen Ouvertüre eingeht, zitierend und initiierend, nach Gutdünken, und den Gepflogenheiten entsprechend) Bach in erster Linie dazu diente, bestimmte Gegenstände aus dem religiösen Themenkreis und aus seinem evangelischen Konzept heraus bildlich und geradezu handgreiflich darzustellen. Die Vokalwerke geben uns den Schlüssel für dieses Vorgehen: ein Objekt, Gedanke oder Bild, wird graphisch fixiert, erhält eine bildliche Entsprechung, das Zeichen, das nun in tönende Bewegung übergehen kann, die Konstruktion der Partitur durchwirkend, dem ganzen Stück seinen Charakter verleihend, Profil, eine stabile Basis, auf der das Ganze ruht, von den Kellergewölben bis hinauf in die Turmspitze. Oft sind diese Grundrhythmen Archetypen von Volks- und Gesellschaftstänzen, haben etwas geradezu Bäuerisches, und das Tanzen und Springen der Musik vermittelt uns an solchen Stellen die Vorstellung einfacher ländlicher Freuden, von Bescheidenheit, Zufriedenheit und gespielter oder religiös vermittelter Unterordnung. Solche gewissermaßen realistischen Ideogramme erscheinen dann auch in der Instrumentalmusik, den Partiten und Konzerten, wo jedes einzelne Stück, jeder Satz zu einer Besonderheit wird, zu etwas Außerordentlichem, zum Einzelfall. Auf Grund eines zutiefst handwerklichen Denkens bringt der Erfinder dieser Gestalten auch bei den Nebensachen, den Nebenstimmen, den kaum noch mit dem Ohr nachvollziehbaren Strukturen besondere Schönheiten an, besondere rhythmische Feinheiten, die immer wieder auf die Grundelemente bezogen sind, auf die Rhythmik der Hauptstimme: von diesen Grundrhythmen werden alle instrumentalen Bewegungen, Kontrapunkte und Entwicklungsprozesse eines Satzes abhängig gemacht. Das graphische Bild erlaubt keinen Zweifel: Es ist, als ob die Geometrie singen und tanzen gelernt hätte. In der klanglichen Realisierung entsteht durch dies „durchkomponierte“ Verfahren, das der Denkweise gotischer Architekten entspricht, der Eindruck großer Dichte und eines außerordentlichen Zusammenhangs von horizontalen und vertikalen Werten, der Eindruck des Notwendigen, des Endgültigen, des Absoluten, des Nicht-anders-Möglichen.

3.

Überall bei Bach, in der Kirchenmusik, in der weltlich-höfischen Instrumentalmusik und auch in den Klavierwerken, haben die Rhythmen dieses durchaus Gestische, Sprechende. Nur ganz selten entsteht der Eindruck von Leerlauf (und damit vom Leid des permanenten Arbeitszwangs), eigentlich sind die Phrasen überall mit rhythmischen Energien kraftspendend und formbildend bis zum Bersten gefüllt. Wortlose Dramen werden aufgeführt, Pantomimen, Szenen aus dem Alltag der Menschen und solche der Entrückung, der Verlorenheit. Man hört und sieht da, wie Menschen schreiten, laufen, springen, sich dahinschleppen, vorauseilen, es ist, als seien die rhythmischen Strukturen ganz und gar körperlicher Natur. Abbilder des Menschen und seines Körpers, seines elastischen Muskelspiels und dessen schmerzhafter Verzerrung. Einer trägt das Kreuz, strauchelt unter der schweren Last, bußfertig nahen sich andere, wir hören und sehen die armen Teufel in ihren Passionen, Prozessionen, hören sie atmen und weinen, kennen die vielfachen Formen des Leidens, denen sie und wir unterworfen sind, aber auch die Ausdrücke für Glaubensfestigkeit, für Zuversicht, für barocke Festlichkeit und olympische Freude.

Bei den Kantaten und Passionsmusiken finden sich immer wieder rhythmische Gestalten, die angetan sind, wie Pfeile in unser Bewußtsein zu treffen, kurze, scharf profilierte Signale, mit deren Hilfe die Handlungen der Seelen- und Menschendramen blitzartig erhellt werden. Solche Signale haben in der Bachschen Dramaturgie eine klar umrissene, vermittelnde Funktion, bei der mit wenigen Federstrichen Ort, Zeit und Gefühlslage des Darzustellenden bestimmt wird, dingfest gemacht, um zu erreichen, daß der Hörer die dramatisch-musikalischen Vorgänge geradezu psychisch und subjektiv mitvollziehen kann, an sich selbst erleben, im Wiedererkennen der Zusammenhänge, wie in der Anagorisis der antiken Tragödie.

Dabei kann vorausgesetzt werden, daß die sprachlichen Inhalte dieser Signale, rhythmischen Zeichen und Symbole allgemein bekannt und vermittelt sind, und eben dadurch werden die Varianten, Abweichungen und Veränderungen nachvollziehbar. Wir können die Symbole in anderen, neuen und ungewöhnlichen Zusammenhängen wiedererkennen, finden uns zurecht, können Einblick nehmen und bei der Sache bleiben.

Stellen wir uns einmal einen mehrstimmigen Satz Bachscher Instrumental- und Vokalmusik vor, der nur auf Perkussionsinstrumenten ohne feste Tonhöhen ausgeführt würde: Wir hörten nur die kontrapunktisch gegeneinander arbeitenden Rhythmen, keine Harmonie, keine Melodie. Die Energien, die Elastizität, das Pulsierende, das ganz und gar Durchwirkte und Durchdachte einer solchen Struktur würde uns da allerdings in ihrer ganzen psychischen Gewalt vor Ohren und Augen treten!

4.

Dabei ist das Bachsche Melos mit der gleichen sprachlichen Reichweite versehen. Es ist natürlich und untrennbar in den rhythmischen Stoff verwoben, die beiden Elemente vereinigen sich, werden die gleiche Sache. Wir entdecken, daß die Anordnung der Intervalle von dem gleichen Symbolisierungswillen getragen wird, der schon bei der Gestaltung des Rhythmischen so auffällig war. Durch das Melos erst erhalten die Rhythmen ihre völlige Authentizität und Unverwechselbarkeit. Auch das Melos fließt aus den archaischen Quellen vokaler und instrumentaler Volksmusik, doch gibt es auch noch die Anwesenheit der Gregorianik, und Elemente aus der so anders gearteten und modischen Welt der Oper, des französischen Balletts und des italienischen Instrumentalkonzerts, aber auch, fast wie eine Antithese, den rebellischen und frommen Kirchengesang der Reformation. Alles wird verwandelt, wie in einem Schmelztiegel, und nimmt eine neue Realität und Identität an, eine Wirklichkeit der strengen Maßstäbe und der höheren Ansprüche, wo den höfischen Tänzen die Frivolität und die Banalität abhanden gekommen sind, wo dem italienischen Concerto das Unvorhergesehene beigefügt wird, dessen es sonst meist entraten muß.

Wo der schöpferische Geist mit dem musikalischen Material seiner Zeit arbeitet und es mit dem der Vergangenheit verknüpft, so daß etwas anderes, Besseres daraus entsteht. Musik der Vergangenheit scheint ihn übrigens mehr zu beschäftigen als die seiner näheren zeitlichen Umgebung. Es scheint, als habe Bach ein wesentliches Stück Geschichte lebendig erhalten wollen, um dessen Inhalte, Errungenschaften und Tugenden der eigenen Zeit zu erhalten, sie dort zu neuer Wirkung zu bringen und in die Zukunft zu projizieren.

Alles was er angefaßt hat, hat sich unter seinen Händen verändert, findet sich seitdem auf einem ungleich höheren Niveau, auf einer anderen, unverwechselbaren Kontemplations- und Empfindungsstufe. Wenn man dieser Musik gedenkt, bei der so viel Real- und Gebrauchsmusik in die Vollkommenheit, in das Absolute heraufgehoben worden ist, erinnert man sich auch der schwierigen Umstände, unter denen solche Metamorphosen vollzogen worden sind. Es genügt heute nicht mehr, Bachs Musik mit Worten wie erdig, rüstig, grüblerisch, anachronistisch, humorlos, provinziell-gelehrt, glaubensfest und schwerblütig zu etikettieren. Es steht sehr viel mehr als all das in diesen Noten, und mehr steht auf dem Spiel.

5.

Es kommen ja in dieser Musik Dinge zur Sprache, die bis dahin mit Tönen zu sagen niemand gewagt, niemand vermocht oder auch nur versucht hatte. Mit einem Realismus sondergleichen ist da eine schmucklose Universalsprache entstanden, und es werden mit ihrer Hilfe und Vermittlung menschliche Gefühle und Zustände dargestellt, in denen sich – erst heute können wir es so sehen und reflektieren – nicht mehr allein die traditionelle christlich-bürgerliche Hörerschaft als Gemeinde erkennt, sondern gerade der moderne, einsam zweifelnde Mensch, dem der Glaube abhanden gekommen ist, der keinen festen Halt in der Gesellschaft weiß und der die größte Zeit seines Lebens sozusagen „ohne den Segen der Kirche" zu verbringen hat. Mir schient, daß gerade diese Art von Zeitgenossen von der Bachschen Musik sich angesprochen und berührt fühlen muß. Infolge des ständig wachsenden zeitlichen Abstands werden diese Bachschen Metaphern – wie ich schon zu beschreiben versucht habe – zunehmend legendär und werden als Bilder, im Sinne eines Mythos, verinnerlicht, wie sie da zunehmend in die Geschichte zurücksinken. Wir vergleichen die musikalischen Vorgänge in jener mythischen Ferne mit den empfindlichsten und elementarsten Erinnerungen aus unserer eigenen Frühzeit, und identifizieren so unsere alten metaphorisch-musikalischen Erfahrungen mit den Erlebnissen unseres Werdens und Seins. Und nun können wir uns neu über die Inhalte miteinander und untereinander verständigen.

6.

Im Weinen und Greinen der Oboe d'amore und der Schalmeien erkennen wir unser eigenes Weinen und Greinen wieder, als wir Kinder waren und später auch noch hat es in uns so getönt, und wenn wir hungrig waren und uns so fror in den grauen nördlichen Kirchenschiffen, wo die Lust und Qual der Sünden und der Sünder durch die Toccaten und die Choräle hindurch unsere Psyche sich offenbarten, O Lamm Gottes, Trost und Strafe, Buß und Reu, Sein und Pein. Diese Musik vergibt uns armen Teufeln, sie verspricht uns neue Lust, sie weint für uns mit allen Seelen. Wir setzen uns mit ihr, zu ihr, mit Tränen nieder. Jemand, der diesen Zusammenhang sehr gut verstanden hat, war Pier Paolo Pasolini, der Dichter, der um 1960 in seinem vom Leben und Leiden des römischen (arbeitsunfähigen und kriminalisierten) Subproletariats handelnden Film „Accattone" Bachsche Passionsmusiken zur Hilfe nahm, um von seinem ästhetisch-politischen Standpunkt aus die frühchristlich-kommunistische Botschaft von Nächstenliebe und Solidarität noch einmal zu vermitteln, und aufzuzeigen, wie gut die Musik Johann Sebastian Bachs geeignet ist, in einem solchen realen Zusammenhang das Wort zu ergreifen und wie wenig sie um Mißverständnisse oder auch um Mißbrauch besorgt sein muß. Diese Musik steht, wie ihr Verfasser, auf der Seite des Volks, des erniedrigten und beleidigten, und spricht dessen Sprache.

Alle Märtyrer der Welt können in diesen Notrufen und Klagegesängen sich erkennen und wiederfinden. Die Furcht der Verfolgten wird hier aufgefangen, die Musik weiß sich eins mit ihnen, macht ihnen Mut, gibt ihnen die nötige Festigkeit für die Annahme, daß es etwas gibt, das größer ist als die Furcht, nämlich eine übergeordnete Idee, für die man leben und sterben kann. Die Pulsschläge des Generalbasses, diese schmerzerfüllte, hochexpressionistische Harmonik, der es auf die Dissonanzen ankommt, bei der die Konsonanz etwas Unglaubliches und daher immer nur Vorübergehendes ist, eine Antithese zum Hauptthema, das da heißt: Leid, die Darstellung und auch die Analyse und auch die Apotheose des Leids.

Das Donnerwort der Orgeltoccaten hat uns das Fürchten gelehrt, als wir noch in die Schule gingen, allerdings hatten wir auch gleich den Eindruck, daß Bach uns die Idee von einem Gott so vermenschlicht und veredelt in seinen zu diesem Themenkreis gehörenden Werken, daß man ihn sich als eine Art Jupiter vorstellen durfte, oder auch nur als einen göttlichen Menschen, und nicht wie ein Über-Ich, das ein ganzes Leben lang unerfüllbare Forderungen stellt.

Im Zusammenwirken von Rhythmen, Melismen und Harmonik, und nicht zuletzt durch den außerordentlich symbolträchtigen Instrumentalklang entsteht für uns in dieser Musik eine Idee vom arbeitenden, handelnden, leidenden, sich selbst immer wieder in Frage stellenden Menschen. Vom Menschen, der von den entsetzlichsten Ängsten heimgesucht wird, der einer hilfesuchenden und ekstatischen Liebe zum Schmerzensmann Ausdruck verleiht, der Resignation, der Verinnerlichung von Lust oder lustvoller Verinnerlichung. Aber auch vom spielerischen, die Welt sinnlich erfassenden Menschen ist in dieser Musik die Rede, und nicht zuletzt von ihrem Erfinder persönlich. Das Ganze aber ist die Lehre vom homo faber, in dessen von Dunkel, Widersprüchen und Vergänglichkeit erfüllten Jammertal unserer Welt, durch ihn und seinesgleichen immer wieder das Licht der Erkenntnis, die Sonne der Hoffnung dazugebracht werden muß, durch die vergifteten tellurischen Wolkenbänke hervorzubrechen, zum reinigenden Triumphgetön von Pauken und Trompeten und zur millionenstimmigen Polyphonie einer befreiten, beglückten, noch einmal geretteten Menschheit.

TON KOOPMAN

WIR SIND DOCH NUR BACHS DUMME SCHÜLER

Letztlich sind wir doch nur Bachs dumme Schüler, und da soll man sich um seine Stücke wirklich bemühen und mit den richtigen Mitteln deutlich machen, was gemeint war. Ein Komponist wie er kann sich heute nicht mehr verteidigen. Wenn ich ihn falsch verstehe, dann darf das höchstens in Kleinigkeiten sein, aber nicht in wesentlichen Dingen. Und vor allem: Wenn ich sehe, wie traurig Bachs Musik manchmal sein kann, dann hoffe ich, daß das bei meinen Konzerten und Aufnahmen auch zu spüren ist. Umgekehrt soll man hören, daß diese Musik ungebremsten Spaß machen kann. Bach war ein Virtuose, der mit Händen und Füßen unglaublich schnell spielen konnte, und ich meine, man soll in dieser Hinsicht nicht Calvinist sein, sondern mit großer katholischer Freude Musik machen, dann aber im rechten Moment auch wieder eine wirkliche Träne im Auge haben.

—

Ein Redner kann etwas sagen, und man ist tief beeindruckt. Aber wenn Bach das dann in Musik setzt, dann geht es noch viel, viel tiefer, und man ist ein schlechter Musiker, wenn man das in der Aufführung nicht herüberbringt. Ein Atheist würde jetzt sagen: „Die Nachricht von Bach interessiert mich nicht, ich kann damit genauso wenig anfangen wie mit dem dummen Zeug, was auf der Opernbühne gesungen wird." Aber das geht doch auf gar keinen Fall, dann hätte man die ganze Musik nicht verstanden, aus der doch immer ein sehr gläubiger und frommer Mensch zu uns spricht.

Ich habe vor kurzem ein Konzert im Leipziger Rathaus gegeben, und in meinem Umkleidezimmer hing ein Bild von Bach. Ich dachte mir: Ich werde in den nächsten zehn Jahren einen Großteil meines Lebens geben für einen einzigen Komponisten, für tolle Musik, die er geschrieben hat. Und dann blickte ich auf das Porträt und überlegte mir, mit wem man besser ein Glas Wein trinken könnte, mit Bach oder mit Mozart. Mit Mozart natürlich! Aber wenn man Bach genau anschaut – ich hatte eine Stunde Zeit und habe geschaut und geschaut und geschaut –, dann weiß man, daß man mit ihm sehr, sehr gut befreundet sein könnte, auch wenn es sicherlich nicht einfach wäre. Ich wäre froh, diesen Mann einmal persönlich kennenzulernen, und ich hoffe, daß er dann seine Hand auf meine Schulter legen und mir sagen würde: „Koopman, du hast dich redlich um meine Arbeit bemüht, und ich bin nicht wirklich unzufrieden."

PAUL HINDEMITH

BACHS SPÄTE MELANCHOLIE

Wir wollen einen analytischen Blick auf die Tätigkeit Bachs in seinen letzten zehn Lebensjahren werfen, die Zeit zwischen 1740 und 1750. Er geht seinen Schulpflichten nach, ohne weitere Reibereien mit seinen Vorgesetzten, aber auch ohne besondere Anstrengungen. Kleinere Abstecher in die Umgebung unternimmt er häufig; seine einzige größere Reise ist die nach Potsdam und Berlin, 1747. Was sein Komponieren anbetrifft, so erleben wir eine seltsame Wandlung. Der Mann, welcher in seinen sechs Köthener Jahren und den ersten zehn in Leipzig eine solch unheimliche Menge Musik produziert hat, daß es fast unmöglich scheint, sie schreibtechnisch und konzeptionell in eine so kurze Zeitspanne zu zwängen – dieser Mann wird schreiblahm.

Wie anders soll man es nennen? In den erwähnten 16 fruchtbaren Jahren entsteht das meiste, was von ihm allgemein bekannt ist: etwa 170 Kirchenkantaten, die Passionen, das Magnificat, die gesamte Kammer- und Orchestermusik, drei Teile der Klavierübung, die erste Hälfte des Wohltemperierten Klaviers und alle anderen bedeutenderen Klavierwerke, alle Motetten, die meisten weltlichen Kantaten und einige der wichtigsten Orgelwerke. Auch in den folgenden Jahren läßt dieser Bienenfleiß nicht nach. Was bleibt dann aber für die letzten zehn Jahre? Einige wenige Kantaten, die Goldberg-Variationen, die zweite Hälfte des Wohltemperierten Klaviers, die künstlerisch unwichtige Bauernkantate; an Orgelwerken: die Veränderungen über „Vom Himmel hoch“, die sechs Schüblerschen Choralvorspiele und die 18 anderen, und schließlich das Musikalische Opfer und die Kunst der Fuge. Durchschnittlich hat er also in diesen letzten zehn Jahren pro Jahr nicht viel mehr als ein einziges Opus geschaffen. Obwohl einige der Werke, wie die Kunst der Fuge, die Choralvorspiele und das Wohltemperierte Klavier aus zahlreichen Einzelnummern bestehen und deshalb wie auch wegen der in ihnen investierten intellektuellen Anstrengung Zeit zu ihrer Ausarbeitung benötigten, sind doch wieder andere, wie die Kantaten und Variationen, deren Herstellung den Komponisten bei seiner so oft bewiesenen Gewandtheit kaum mehr als ein paar Tage gekosten haben dürfte.

Was ist der Grund für dieses plötzliche Erlahmen? Sicherlich nicht ein greisenhaftes Schrumpfen der Arbeitsenergie. Als er stirbt, hat er ja gerade erst die Altersgrenze erreicht, mit der heute ein Schulmann in einer entsprechenden Anstellung in den Ruhestand tritt. Er hatte also um 1740 noch mindestens zehn bis fünfzehn volle Arbeitsjahre vor sich. Rüstig genug war er noch, und in den Werken eben dieser Jahre zeigt sich, wenn nicht in der Menge, so doch in der seelischen und technischen Spannung des Geschriebenen noch die volle Energie seiner früheren Arbeitsperioden. Er, dessen ganzes Lebenswerk stets nur ad majorem Dei gloriam unternommen wurde, kann aber auch nicht plötzlich in abtrünniger Lässigkeit aufhören, seine fromme Pflicht zu tun. Hatte er das Selbstvertrauen verloren, den Glauben an seine musikalischen Fähigkeiten? Das kann es auch nicht sein, denn solch sicher dastehende Schöpfungen wie den zweiten Band des Wohltemperierten Klaviers und die Choralvorspiele schreibt man nur mit vollster künstlerischer Standfestigkeit. Auch Zweifel an seiner Gabe zur Bewältigung technischer Schwierigkeiten sind nicht zu erkennen.

Es ist, als sei über sein Schaffen von nun an ein Schatten gefallen, der Schatten der Melancholie. Man hat in bezug auf Brahms' Kompositionen das böse Wort von der Melancholie des Unvermögens angesprochen. In Bachs Fall läßt sich von Unvermögen nicht sprechen, denn gerade einige Werke seiner letzten zehn Jahre zeigen ein weder von ihm sonstwo noch von anderen erreichtes künstlerisches Vermögen. Da aber die Melancholie nicht wegzuleugnen ist, sind wir wohl berechtigt, hier eine Melancholie des Vermögens anzunehmen – und damit haben wir, wie ich glaube, die Lösung aller Rätsel gefunden.

Wir können uns schwer vorstellen, was einem Bach auf der Höhe seiner Schaffenskraft, im vollen Besitz seiner handwerklichen Fertigkeit, Grund zu melancholischem Nachlassen geben konnte. Um es zu verstehen, wollen wir versuchen, uns in seine Lage zu versetzen.

Was kann ein Mann noch tun, der technisch und geistig in seiner Kunst die höchste Stufe des von Menschen Erklimmbaren erreicht hat? Höher steigen kann er nicht, denn er ist ja nur ein Mensch. Soll er unbekümmert weiterschaffen und das vorher Getane durch Umgruppieren in scheinbar neue Formen zwingen? Er hat sich im Laufe seines Höhersteigens zu solcher Verantwortung erzogen, daß ihm dergleichen Arbeit als primitive Wiederholung, als Vergeudung erscheinen muß. Warum darf er sich nicht des Erreichten freuen und nun einfach ausruhen? Er hat den Begriff der untätigen Ruhe nie gekannt, er wurde ohne ihn geboren und hat ihn sich nie angelernt. Sollte er nicht für Andere wirken, sein spätes Werk durch wechselnde Zweckbestimmungen eingliedern in größeres musikalisches Unternehmen? Der Zweck der Arbeit, die Richtung ihres Wirkens, die Marke, die sie anderen aufprägt – das alles ist jetzt Zutat geworden, es ist dem schöpferischen Tun nur noch umgehängt. Dieses Tun selbst ist so unabhängig von alldem geworden wie die Sonne von dem Leben, das ihre Strahlen hervorbringen. So unabhängig, daß es zuletzt nicht einmal mehr der Darstellung im Kunstwerk bedarf, um dazusein. Es ist Gedanke geworden, ist entkleidet aller Zufälle und Gebrechen der Gestaltwerdung, und der so hoch Gestiegene ist nach der Überwindung des Materiellen zum Gedanken allein vorgedrungen. Leugnen wir aber mit dem Wahrnehmbaren dieses ideellen Zieles nicht alle Kunst? Denn uns, die wir nicht so weit steigen konnten, ist die vom schöpferischen Gedanken geformte Gestalt ja das, was wir als Kunst erkennen, das Element, ohne dessen Beimischung, sei es auch in geringsten Dosen, unser Leben nicht lebenswert, ja sogar unmöglich wäre. Die Antwort auf diese Frage liegt schon weit unter dem, der zur menschenmöglichen Vollkommenheit gelangte. Er ist am Ende; er steht, wie es im alten persischen Gedicht heißt, vor dem Vorhang, den niemand je zur Seite zieht.

Für dieses Höchsterreichte muß er einen teuren Preis zahlen: die Melancholie, die Trauer, alle früheren Unvollkommenheiten verloren zu haben und mit ihnen die Möglichkeit weiteren Voranschreitens. Auf dieser außerordentlichen Ebene endgültiger Ratlosigkeit tritt vielleicht eine sublimierte Wiederholung jener ausweglosen Situation ein, die wir gern mit dem vom Feuerkreis umgebenen, sich selbstmordenden Skorpion zu illustrieren pflegen. Zwar weiß man von Menschen, die aus Furcht vor dem Untergang in unbekanntes Nichts sich umbringen – als ob sie damit das Nichts wesenhaft, das Unbekannte kennbar machten – aber diese Lösung ist unserem Höchstgestiegenen verwehrt. Ihm bleibt nur noch eins: den steilsten, engsten, geringen Platz, den er auf äußerstem Plateau erreicht hat, noch ein wenig auszubauen, ein wenig zu verschönen, mit den Mitteln, die er anzuwenden gewöhnt ist. Dabei überhöht sich seine Kunst zur Künstlichkeit, sein Können zu visionärem Erkennen.

Es ist also dies das Wertvollste, was wir mit Bachs Musik geerbt haben: Die Schau bis ans Ende der dem Menschen möglichen Vollkommenheit; und die Erkenntnis des Wegs, der dahin führt: das unentrinnbare, pflichtbewußte Erledigen des als notwendig Erkannten, das aber, um zur Vollkommenheit zu gelangen, schließlich über jede Notwendigkeit hinauswachsen muß. [...]

Wir haben den Gipfel musikalischer Größe erschaut, einen Gipfel, dessen Klarheit uns nicht durch das Einmischen von menschlichen, persönlichen, zeitbedingten, kurzum profanen Problemen des Komponisten verschleiert wurde. Dieser Gipfel ist, wie wir wissen, uns unerreichbar, aber da wir ihn erschaut haben, dürfen wir ihn nicht mehr aus den Augen verlieren; er wird uns immer als Richtungsweiser dienen müssen. Er ist wie alle anderen Faktoren künstlerischer Wirkung ein Symbol. Ein Symbol für alles Edle, das wir mit dem besseren Teil unseres Wesens anstreben.

Im begrenzten Gebiete unseres Musikgenießens, dies ja bei aller eigenen Schönheit, die es bietet, auch nur das Sinnbild unseres gesamten Aufnehmens und Verarbeitens irdischer Erfahrungen ist, bedeutet das Erkennen des Gipfels, daß wir keine klingende Form mehr in uns aufnehmen können, ohne sie an den Werten zu messen, die uns Bach gezeigt hat. Das Äußere der Musik, der Klang, schrumpft dann zur Nichtigkeit. War er ursprünglich das, was uns zur Musik lockte, was uns allein Befriedigung zu verschaffen schien, so ist er nun nur noch Gefäß für das Wichtigere, unser Besserwerden. Ein solches Besserwerden wird uns aber auch aufschließen für Musik, die uns noch unbekannte Symbole benutzt, die in fremde Klänge gehüllt ist, die wir erst mühsam erlernen müssen.

Ist es einer Musik gelungen, uns in unserem ganzen Wesen nach dem Edlen auszurichten, so hat sie das Beste getan. Hat ein Komponist seine Musik so weit bezwungen, daß sie dieses Beste tun konnte, so hat er das Höchste erreicht.
Bach hat dieses Höchste erreicht.

YVAN GOLL

FUGE VON BACH

Engel, ihr steiget
Menschen, ihr fallet
Nach eines Schicksals gesetzlichem Spiel!
Kräfte des Mittags
Schlafe der Mittnacht
Einen verneinend
Allen Gedeihens verheimlichtes Ziel!
Warm und Kalt
Brauen des Sturmes erzürnte Gewalt
Auf und Ab
Bauen der Welle Tempel und Grab.
Weib das Gehöhlte
Mann der Erhöhte
Ewig im Streite des Jas und des Neins
Gebens und Wehrens
Jauchzens und Weinens
Steilen ereilen sich
Endlich im übergeschlechtlichen Sohne!
Berge, erwidert den Ruf von den Meeren!
Wolken, erfüllet die Seen, die leeren!
Du aber, marmorne Säule, du finde
In einer Winde
Deine reine, sichere Krone!

Engel, ihr steiget!
Während ich die langgehaßte
Erdentreppe niedertaste!

CLAUS CASPERS

MYSTERIUM BACH

Es ist immer wieder ein Aspekt der Vollkommenheit, einer alles Weltliche hinter sich lassenden Schönheit und Unergründbarkeit, die in den Kommentaren zu Bachs Musik durchklingt. So z. B. bei Karl Friedrich Zelter in einem Brief an Goethe:

> ... was aus *diesem* Quell (Bach, d. V.) in die Zeit geflossen, dürfte wohl ein langes Geheimnis bleiben, da es ganz unvergleichlich ist mit dem, was ist. Manchmal ist mir's dabei, als wenn ich das Universum im Durchschnitte und an der einen Hälfte den Zusammenhang mit der anderen gewahrte, und ist alles nichts anderes als Musik; ...

Oder bei Wilhelm Furtwängler:

> Die Ausgewogenheit eines jeden, selbst des kleinsten Bachschen Stückes, die Stetigkeit des Sich-Ausgliederns aller einzelnen Teile, verbunden mit dem Gefühl eines wie von Anbeginn „In-sich-selber-Ruhens" – so charakteristisch für Bachs Lebensgefühl – gibt dieser Musik etwas im eigentlichen Sinne Überpersönliches ...

Das „Gefühl" des „In-sich-selber-Ruhens", das Bachs Musik in uns hinterläßt, hat seine Ursache in dessen unerschütterlichem Glauben an sein Aufgehobensein in der überweltlichen Ordnung. In der Motette „Jesu meine Freude" vertonte er die sechs Strophen des gleichnamigen Chorals in Verbindung mit Versen aus dem Römer-

Brief. Die dritte Strophe daraus kann man als eine bündige Zusammenfassung seiner eigenen, tief in seinem Glauben wurzelnden Grundhaltung betrachten:

> Trotz dem alten Drachen,
> trotz des Todes Rachen,
> trotz der Furcht dazu!
> Tobe, Welt, und springe;
> Ich steh hier und singe
> in gar sichrer Ruh!
> Gottes Macht hält mich in acht;
> Erd und Abgrund muß verstummen,
> ob sie noch so brummen.

> Ihr aber seid nicht fleischlich, sondern geistlich, so anders Gottes Geist in euch wohnet. Wer aber Christi Geist nicht hat, der ist nicht sein. (Römer 8/9)

Auf dem tiefen Verständnis dieser Aussagen, die – textlich variiert – sein gesamtes Vokalwerk durchziehen, basiert Bachs Leben und künstlerisches Schaffen. Sicher hatte er als strenger Protestant ein an bestimmte Vorstellungen gebundenes Gottesbild: In Jesus allein sah er den „fleischgewordenen" Gott. Aber – und das scheint das Entscheidendste zu sein – er gab sich ihm ganz hin. Ihm zu dienen mit seiner genialen Begabung, die er immer nur als Geschenk Gottes betrachtete – darin sah er seine alleinige Pflicht. Im Bewußtsein, nur Mittler zu sein, einer, der in der Verantwortung stand, seine Gaben zum Lobe Gottes und für das Heil der Menschen fruchtbar werden zu lassen, erfüllte er seinen Auftrag frei von Eigendünkel, aber voller Selbstvertrauen. Diese große Hingabebereitschaft öffnete ihm das Tor zur geistigen Welt wie kaum einem anderen Komponisten. In ihr liegt die Wurzel seiner Kunst. Darauf wies Albert Schweitzer hin:

> Musik ist für ihn Gottesdienst. Bachs Künstlertum und Persönlichkeit ruhen auf seiner Frömmigkeit. Soweit er überhaupt begriffen werden kann, wird er es von hier aus ... Für ihn verhallen die Klänge nicht, sondern steigen als ein unaussprechliches Loben zu Gott empor.

Seine Persönlichkeit in ihrem weltlichen Bezogensein war für Bach kein Gegenstand seiner künstlerischen Auseinandersetzung. Von persönlich-subjektivem Ausdruck hatte er, im Gegensatz schon zu seinem komponierenden Söhnen, überhaupt noch keine Vorstellung. Das Leiden am menschlichen Schicksal und das Überwinden-Wollen desselben, das später, insbesondere bei Beethoven, zur zentralen Antriebsquelle der Kunst wurde, konnte für Bach kein Thema sein, weil es für ihn gar nichts zu überwinden gab. Im klaren Bewußtsein um die Kurzweiligkeit alles Weltlichen stand er fest im Glauben an sein Erlöstsein und seine Unsterblichkeit, an seine „geistliche" und nicht „fleischliche" Existenz.

Leiden war für ihn die Folge der Anhaftung an das Weltliche – eine Einsicht, auf die uns die Weisen aller Religionen immer wieder hinweisen. Wie schon in der oben zitierten Motettenstrophe finden wir in den Texten der übrigen Motetten und vieler Kantaten die Gegenüberstellung von Welt, Leid, Angst, Sünde, Laster und Tod einerseits und Erlösung durch den Geist Gottes, Freude und Zuversicht durch die Hingabe an Jesus, Überwindung des Todes durch Ablassen von Eitelkeit und „Lasterleben" andererseits. So heißt es beispielsweise in der Kantate „Was frag ich nach der Welt" BMV 94 u. a.:

Die Welt ist wie ein Rauch und Schatten,
Der bald verschwindet und vergeht,
Weil sie nur kurze Zeit besteht.
Wenn aber alles fällt und bricht,
Bleibt Jesus meine Zuversicht,
An dem sich meine Seele hält.
Darum: was frag ich nach der Welt!

...

Betörte Welt, betörte Welt!
Auch dein Reichtum, Gut und Geld
Ist Betrug und falscher Schein.
Du magst den eitlen Mammon zählen,
Ich will davor mir Jesus wählen;
Jesus, Jesus soll allein
Meiner Seele Reichtum sein.
Betörte Welt, betörte Welt!

Oder in der Kantate „Ärgere dich, o Seele nicht" BMV 54:

Ach, daß ein Christ so sehr
Vor seinen Körper sorgt!
Was ist er mehr?
Ein Bau von Erden,
Der wieder muß zur Erde werden,
Ein Kleid, so nur geborgt.
Er könnte ja das beste Teil erwählen,
So seine Hoffnung nie betrügt:
Das Heil der Seelen,
So in Jesu liegt.
O selig! wer ihn in der Schrift erblickt,
Wie er durch seine Lehren

> Auf alle, die ihn hören,
> Ein geistlich Manna schickt!
> Darum, wenn der Kummer gleich das Herze nagt und frißt,
> So schmeckt und sehet doch, wie freundlich Jesus ist!

In Verbindung mit Bachs Vertonungen erhalten solche Texte einen so tiefen Sinn und Wahrheitsgehalt, daß sich kaum ein Hörer deren Wirkung entziehen kann. Nietzsche, der aus seinen Zweifeln und späteren offenen Feindschaft gegenüber dem Christentum ja nie einen Hehl machte, gestand in einem Brief:

> In dieser Woche habe ich dreimal die Matthäuspassion gehört, jedesmal mit demselben Gefühl der unermeßlichen Bewunderung. Wer das Christentum völlig verlernt hat, der hört es hier wirklich wie ein Evangelium.

Bachs Musik bewirkt in fast zwingender Weise den unmittelbaren erlebnismäßigen Mitvollzug der Wortbedeutungen und sagt dadurch dem aufmerksamen Zuhörer mehr, als eine noch so gute Predigt über diese Texte – meist eine Kombination aus Bibelworten, überlieferten Choralstrophen und kommentierenden freien Dichtungen – vermitteln könnte. Entsprechend dem christlichen Bewußtsein vom diesseitigen Leben als einem Prüfungsweg für das zukünftige, steht im Zentrum der von Bach vertonten Texte der Todesgedanke und die damit zusammenhängende Unterscheidung zwischen Vergänglichem und Ewigem. Alles Irdische ist vom Gedanken an seine Endlichkeit bestimmt, ist auf dem Weg zum Tod, der sozusagen als die Stunde der Wahrheit die Entscheidung über unser jenseitiges Leben bringt. Bachs Bewußtsein darum erklärt nicht nur die Auswahl der Texte für seine Kantaten und Passionen, sondern war darüber hinaus auch Antriebsquelle seines großen Schaffensdranges. [...]

Die Besonderheit der Bachschen Fuge liegt in der Spannkraft ihrer Themen und in ihrem Reichtum an kontrapunktischen Beziehungen und Verflechtungen. Jeder, der sich spielend oder hörend in sie vertieft, erfährt die ungeheuere Ordnung, die sich in ihrem polyphonen Stimmengeflecht verbirgt, auch wenn er sie nicht bewußt analytisch nachvollzieht. Wenn Schopenhauer davon sprach, daß „das Anhören einer großen vollstimmigen und schönen Musik gleichsam ein Bad des Geistes" sei, das „alles Unreine, alles Kleinliche, alles Schlechte wegspüle", so trifft dies insbesondere für Bachs polyphone Meisterwerke zu. Ihre innere Ordnung, Klarheit und Reinheit vermittelt uns eine Ahnung unseres eigenen Grundes, frei von allen Überlagerungen des Persönlichen, und hinterläßt in uns ein inneres Befinden von Frieden und stiller Andacht. [...]

Der unbegrenzte geistige Raum, zu dem Bach so weiten inneren Zugang hatte, steht in schroffem Gegensatz zu der protestantisch muffigen Enge seines weltlichen Daseins. Lesen wir heute Widmungen, die Bach zu einigen seiner Instrumentalwerke schrieb, wie z. B. die zu seinen sechs Brandenburgischen Konzerten an „seine Königliche Hoheit Ludwig, Markgraf von Brandenburg", so wirkt der daraus sprechende Untertanengeist auf uns heute befremdend. Diese Diskrepanz zwischen geistiger Weite und weltlicher Enge wird jedoch nachvollziehbar, wenn wir bedenken, daß Bachs Weltbild noch geprägt war von dem Glauben, auch die weltliche Ordnung sei eine von Gott gegebene – eine Vorstellung, die aufgrund der Vermischung von klerikaler und weltlicher Macht auch im Interesse der Herrschenden lag.

Das Überpersönliche in Bachs Musik läßt alles seine Person Betreffende in den Hintergrund treten. Fast alle Komponisten nach ihm haben seine Kunst bewundert, von ihr gelernt, sich durch sie inspirieren lassen. Zelter nannte Bach „eine Erscheinung Gottes: klar, doch unerklärbar", Beethoven sprach von der „hohen Kunst dieses Urvaters der Harmonie“, und Schumann war der Ansicht, daß die Kunst Bach „im kleinen Kreise der Musik kaum weniger schulde, als was eine Religion ihrem Stifter“. Brahms’ Bewunderung für Bach drückt sich u. a. in einem seiner Briefe an Clara Schumann aus, in dem er sich über die Chaconne aus der zweiten Partita für Violine, für ihn „eines der wunderbarsten, unbegreiflichsten Musikstücke“, äußerte:

> Wollte ich mir vorstellen, ich hätte das Stück machen, empfangen können, ich weiß sicher, die übergroße Aufregung und Erschütterung hätte mich verrückt gemacht.

Brahms, der frei von jeder Selbstüberschätzung war, gestand damit, daß er solch hohe Schwingungen, wie Bach sie „empfing“ und die er sozusagen wie ein Medium durch sich hindurch fließen ließ, nicht hätte aushalten können, daß er mit anderen Worten noch nicht die geistige Reife für solche Tiefen und Weiten besaß.

YEHUDI MENUHIN

BACH IST EIN MYSTIKER

Bach ist ein Mystiker; zwischen ihm und dem Göttlichen besteht eine Einheit, zumindest eine Übereinstimmung mit dem Kosmos, mit dem Universum, mit dem Unendlichen. Bach kann einen Seinszustand herbeiführen.

—

Ich glaube, wir können auch gläubig sein, ohne an die strenge Lehre einer Kirche zu glauben. Wir können trotzdem dieses Gefühl haben. Und was uns, abgesehen von der Struktur oder der Mathematik – denn Struktur ist eine Art erstarrter Mathematik –, so bewegt, ist die Erhabenheit, die Fülle, die Ausgewogenheit von Bachs Musik. Sie ist von einer vollkommenen geistigen und emotionalen Ausgeglichenheit. Auch ist es nicht Bach, der da spricht. Er steht für etwas Größeres in uns, das uns eher mit unseren Mitmenschen verbindet, als daß es uns von ihnen trennt.

HANS MAIER

DER „GANZ ANDERE“ BACH

Nur im Vorübergehen habe ich von Bach, dem Glaubenszeugen, dem Verkünder, dem „Fünften Evangelisten“ gesprochen. Ich gestehe, daß mir diese Kennzeichnungen immer ein gewisses Unbehagen einflößen. Da ich mit Bach und seinem Werk aufgewachsen bin – einem Werk, in dem Geistliches und Weltliches nicht geschieden sind –, empfinde ich die Vorstellung, Bach habe nicht nur Musik geschrieben, sondern dazu auch noch „eine Botschaft vermittelt“, als unangemessen. Handelt es sich bei diesem Topos nicht um ein recht junges Produkt weltanschaulicher Sehnsüchte – ersonnen und verbreitet von säkularisierten Zeitgenossen nach dem Motto „An Gott zweifeln, an Bach glauben“? Nietzsche war wohl der erste, der Bach auf solche Weise zum kerygmatischen Heros stilisiert hat – Brecht steuerte die profanere Variante der Bachschen Fähigkeit zur „Propaganda“ bei. Sogar bei Karl Barth finde ich einen Niederschlag solcher Gedanken, wenn er in seinem Mozartbuch schreibt: „Mozarts Musik ist im Unterschied zu der von Bach keine Botschaft ... Er musiziert keine Lehren ... Und so drängt er dem Hörer nichts auf, verlangt von ihm keine Entscheidungen und Stellungnahmen, gibt ihn nur eben frei.“ Barth pflegte im Gespräch die Vermutung zu äußern, daß die Engel im Himmel am liebsten Mozart spielten – jedoch pflichtschuldig auf Bach übergingen, wenn Gott gerade vorbei gehe. Man kann Barths Gedanken noch weitertreiben; so könnte man sich einen Gott vorstellen, der geduldig viele Stunden lang Kantaten und Passionen von Bach anhört, um schließlich sanft abwehrend zu sagen: „Genug, mein Lieber, auch ich bin evangelisch!“

Nun, ich werde mich hüten, der Barthschen Mozart-Begeisterung und Bach-Abwehr mit konfessioneller Tiefenpsychologie zu Leibe zu rücken. Es ist ja zuzugeben, daß die religiöse Ausdruckskraft des Kantors Bach, die gewaltige „anredende" Wirkung seiner Musik nicht nur Menschen des 20. Jahrhunderts überraschen, verblüffen, verstören kann – auch Zeitgenossen, ja selbst die Söhne Bachs wiegten da schon bedenklich oder verständnislos das Haupt. Vom „Glaubensqualm" der Kantaten sprach Zelter, als er das Bachsche Werk zu inspizieren begann, das ein halbes Jahrhundert lang vergessen war – und Zelter war beileibe keiner, dem Bachs Musik gleichgültig oder fremd gewesen wäre! Kein Zweifel: Bachs Absicht, alle Musik (also keineswegs nur die kirchliche) in den Dienst Gottes zu stellen, Gottes Ehre als „Finis und Endursache" der Musik zu begreifen, war schon zu seiner Zeit umstritten, war für viele fast eine Provokation. Für Bach freilich nicht, denn er lebte und arbeitete noch ganz selbstverständlich in der überlieferten Anschauung, die in der Musik ein Donum Dei, ein Geschenk Gottes sah, und daher gehen moderne Redewendungen vom Verkünder, Missionar, Propagandisten Bach an seiner so entschiedenen wie gelassenen Religiosität vorbei. Sie legen ihm etwas Willentliches bei, einen großen Glaubensentschluß; aber Bach lebte ganz selbstverständlich in seinem überlieferten Glauben. [...]

Bach ist der erste Meister der Musik, der nicht aus lebendiger Überlieferung, aus einer nie unterbrochenen Aufführungspraxis heraus zu unserem heutigen Besitz wurde, der vielmehr seine heutige Geltung einem bewußt gesetzten Akt neuer Aneignung verdankt. Romantische Liebe und Verehrung und gelehrte historische Erschließung haben an diesem Vorgang gleichen Anteil, denn vergessen wir nicht: mit der Wiederaufführung der Passionen, der h-Moll-Messe und (viel später!) der Kantaten und der Instrumentalmusik war es nicht getan; die gewaltige Arbeit der Editionen, der

Forschung, der musikalischen Analyse mußte hinzukommen; nur so konnte der „ganze Bach“ zurückgewonnen werden.

Erfahrungen mit Johann Sebastian Bach: Die meisten von uns hören Bach, wenn sie ihm das erste Mal begegnen, noch immer mit den Ohren der Romantiker. Das ist legitim; denn ohne die liebende Hinwendung jener Musiker zu jenen alten Notenbüchern hätten wir Bach nicht mehr – oder doch jedenfalls nur einen Teil von ihm, nur kümmerliche, verstümmelte Reste. Ich verstehe heute besser als in meinen Kinderjahren, warum ich bei den Bachschen Klavierstücken romantisierende Assoziationen hatte. Ein Schumann geriet ins Schwärmen, als ihm Mendelssohn Bachs *Schmücke dich, o liebe Seele* auf der Orgel vorspielte: „Um den Cantus firmus hingen vergoldete Blättergewinde, und eine Seligkeit war darein gegossen, daß du mir selbst gestandest: Wenn das Leben dir Hoffnung und Glauben genommen, so würde dir dieser einzige Choral alles von neuem bringen.“ Es ist kein Zufall, daß gerade das expressive Element, jene Ausdrucksform der „musica poetica“ in Bachs Werk, die Romantiker ergriff – daß sie zur historischen Brücke wurde, auf der die Musik des fast vergessenen Meisters ins Musikleben des 19. Jahrhunderts und der Gegenwart zurückkehrte. Erst von hier aus – noch einmal – konnte dann der erratische, der ganze Bach zurückgewonnen werden – der gelehrte, mittelalterliche, der fremde und „ganz andere“ Bach.

OSKAR LOERKE

J. S. BACH SPIELT ORGEL BEI NACHT

Leid aus Gottes Herzen
Sammelt sich um das Gehäus der Orgel her.
Schon leuchtet es mit und brennt im Geist der Kerzen,
Die spielenden Füße waten darin, sie stampfen schwer.

Ein Ruf haust draußen: Jemand kommt, der den Kopf euch zertritt;
Da ducken die weinenden Bäume das Haupt wie verzweifelte Mütter.
Herzen schlagen im Sand, die Wasser schlagen wie Schlagadern mit.
Und unter dem Horizonte murrt kriegerisch ein Geschütter.

Ein Blitz tut sich wie eine weiße Wunde auf,
Der Strom trieft aus ihr mit all seinen Fischen und nebligen Dünsten,
Und ein harter Donner tut seine donnernden Munde auf,
An seinem Saum hängt die Welt mit schwächlichen Menschenkünsten.

Die Welt schreit auf: Wer bist du, Furchtbarer, der uns zertritt?
Er war im Dunkel nur da, war in der Helle verschlungen.
Die Kerzen verbrannten. Aus Gottes Herzen brannte es mit,
Und sprach aus Tiefem in Zungen.

NIKOLAUS HARNONCOURT

DIE MATTHÄUS-PASSION – EIN AUFREGEND NEUES WERK

Es geschieht selten, daß ein oftmals aufgeführtes Werk im ausführenden Musiker völlig neue Saiten zum Klingen bringt. Normalerweise wird es immer wieder in sehr ähnlicher Weise dargestellt, einmal besser, einmal weniger gut. Besonders schöne Aufführungen bleiben im Gedächtnis, ohne sich aber in wesentlichen Punkten von den übrigen abzuheben. Nun musizierten wir Bachs Matthäus-Passion. Da die Besetzung der Doppelchörigkeit wegen etwas größer ist als bei den Werken Bachs, die wir bisher gespielt hatten, kamen einige Musiker aus Holland und Belgien hinzu. Jeder von uns hatte die Matthäus-Passion schon viele, viele Male gespielt, an der ersten Oboe, Violine, Viola, dem Cello, der Orgel – bei den alljährlichen Aufführungen zu Ostern. Niemand erwartete ein umwälzendes Erlebnis bei einem so bekannten Werk, auch nicht, wenn man es zum ersten Male mit Originalinstrumenten spielt.

Wir hatten schon lange vorher mit den Orchesterproben begonnen. Dabei bemerkten wir immer wieder, wie wenig wir das Werk eigentlich kannten, obwohl jeder von uns seine Stimme nahezu auswendig spielen konnte. Die kleine Besetzung (drei 1. Violinen, drei 2. Violinen in jedem der beiden Orchester, sonst alles einfach besetzt) und die klar zeichnenden alten Instrumente mit ihrer klanglichen Buntheit ließen den kompliziert-vielstimmigen Satz in bisher nie gehörter Weise sich entflechten. Die einzelnen Stimmen bekamen beinahe von selbst ein völlig neues Gesicht, jede für sich und vor allem im Zusammenklang mit den übrigen Instrumenten.

Wir hatten schon oft am Sinn der fein differenzierten Artikulationen gezweifelt, die Bach in seinen eigenhändig geschriebenen Stimmen und in seiner Partitur verlangt, da sie normalerweise gleichsam in einem herrlich-harmonischen Klangbrei ertrinken. Nun konnte man bemerken, wie sich jeder einzelne Musiker wieder am eigenen sprechenden, wohl-artikulierten Spiel selbst erfreute, weil alles präsent blieb, weil das Gewebe des Miteinander und Gegeneinander mit einem Mal sinnvoll wurde. Wie bei jedem großen Musikwerk zeigte sich auch hier wieder deutlich, wie die Gewichte unserer so oft als historisierend abgestempelten Bemühungen tatsächlich verteilt sind. Was wir hier machten, war keine Restauration irgendeines historischen Klangbildes, keine museale Wiederholung vergangener Klänge; das war eine moderne Aufführung, eine Interpretation des 20. Jahrhunderts. Für uns Musiker ist in jedem Fall das Instrument das beste, dessen Klänge und Technik uns bei der Interpretation helfen, uns inspirieren. Das Barockorchester ist für uns solch ein Instrument. Hier finden wir immer wieder neue Anregungen, es ist eine für unsere Ohren noch völlig unverbrauchte Klangwelt, deren Reichtum uns dem Reichtum der Musik Bachs angemessen erscheint.

Da erst auf den letzten Proben unmittelbar vor der Aufnahme auch der Chor dabei war, waren wir natürlich schon auf das höchste gespannt, wie sich dies auf unsere neu gefundene Klangbalance auswirken werde. Schon die Aufstellung war ungewohnt; wir plazierten die beiden Chöre und Orchester einander gegenüber an den Enden des Saales – so hatten wir die echte Zweichörigkeit, wie Bach sie in seiner endgültigen Fassung der Matthäus-Passion fordert. Als wir so das erste Mal den Eingangschor musizierten, blieb wohl jedem von uns der Atem weg: Die Matthäus-Passion ist sicherlich seit Bachs Zeit nicht mehr mit so kleinen Chören und Orchestern ausgeführt worden, und doch war alle Monumentalität, alle Größe des Werkes da, auch klanglich. Der große hohe Saal tönte von allen Seiten. Fragen und Antworten der Gläubigen und der Tochter Zion wogten hin und her: „Sehet – wen? – den Bräutigam – seht ihn – wie? – als wie ein Lamm." Noch nie hatten wir den Sinn, auch den musikalischen Sinn dieses kolossalen Dialogs so intensiv begriffen. Als dann vier Knaben und die Orgel den Choral „O Lamm Gottes unschuldig" wie einen Silberfaden über das unbeirrt fortschreitende Chorgeschehen legten, begriffen wir auch hier zum erstenmal den Sinn der neuen Balance: Der Chorsatz bleibt stets der alleinige Träger des musikalischen Geschehens – der Choral darf ihn niemals übertönen oder seiner Durchhörbarkeit berauben –, er muß vielmehr als Ahnung die Realität des Chores überhöhen. Bachs überliefertes Material gibt uns recht: Die eigenhändige Partitur bringt den Choral – ohne Text – in der rechten Hand der beiden Orgeln, gleichsam den Sinn des Passionsgeschehens hinter dem Vordergrund des Chores aus der Ferne erhellend (damals waren diese Choräle ja allgemein bekannt, so daß der Komponist die Melodie gleichsam als „Textzitat" verwenden konnte). Bach schrieb diese Partitur erst etwa 1740, als er die Matthäus-Passion schon wiederholt aufgeführt hatte, also jedesmal *ohne* gesungenen Choral. Erst etwa zwei Jahre später schrieb Bach, größtenteils eigenhändig, ein komplettes Aufführungsmaterial für das Werk, und *nur* in diesem Material befindet sich ein Blatt für Ripiensoprane, auf dem dieser Choral textiert steht. Wahrscheinlich hatte Bach damals einen etwas größeren Jahrgang von Knabensopranen und wollte auch die Ripienisten, die nach seinem Zeugnis nur fürs Choralsingen zu brauchen waren, einsetzen. Es können nicht mehr als drei oder vier Knaben gewesen sein.

Jedenfalls wurden unsere Erfahrungen von den Orchesterproben, daß sich in dieser Besetzung und Interpretation die altbekannte Matthäus-Passion als ein aufregend neues Werk entpuppte, nun auch mit dem Chor mehr und mehr bestätigt. Immer wieder wurde anläßlich von Schallplattenaufnahmen mit Originalinstrumenten und kleiner Besetzung der Verdacht ausgesprochen, die

„Monumentalität“ sei manipuliert und der Klang sozusagen von den Aufnahmetechnikern hochgedreht: Ein derart klein besetzter Chor und Orchester, noch dazu mit alten Instrumenten, könne unmöglich einen so vollen, in seiner Art sogar machtvollen Klang ergeben. Derartige Manipulationen haben wir niemals erwogen, weil sie überhaupt nicht nötig waren. Natürlich müssen Größe und Akustik des Saales den Klangmitteln entsprechen. Ist das der Fall, und es war so bei dieser Matthäus-Passion, dann ist der Eindruck ebenso monumental wie bei den üblichen groß besetzten Aufführungen, nur eben viel klarer und transparenter.

Wir hatten befürchtet, daß unser Prinzip, jedes Werk so aufzuführen, als hätten wir es niemals vorher musiziert, ja, als wäre es noch niemals aufgeführt worden, daß dieses Prinzip bei der Matthäus-Passion nicht mehr realisierbar sei angesichts der übermächtigen Assoziationen aus vielen, vielen Aufführungen. Und dann geschah es doch ganz von selbst, ausgehend vom Orchesterklang und vom wunderbar durchsichtigen Klang des Knaben-Männer-Chores: Die Matthäus-Passion war völlig neu für uns, wir haben sie niemals vorher musiziert noch je gehört, es gab keine Assoziationen.

PETER SCHREIER

BEKENNTNIS UND BESINNUNG

Ich singe nun schon seit Jahrzehnten mit immer intensiverem Eindringen in diese Schöpfung Johann Sebastian Bachs [die Matthäus-Passion] den Evangelisten, und ich meine, daß die Grundhaltung, die Leidensgeschichte des Herrn auch wirklich mit Passion vorzutragen, unerläßlich ist. Meines Erachtens genügt es nicht, gleichsam eine neutrale Berichterstattung zu geben, es gehört Engagement, Bekenntnis dazu, es erfordert Besinnung darauf, unter welchen gedanklichen Voraussetzungen das Werk geschrieben wurde. Ich verstehe den Evangelisten in dieser Passion als Mittler und Kommentator der Schriftworte. Meine vom Glauben geprägte Lebenshaltung hilft mir bei meiner Interpretation dieser Partie in hohem Maße.

Nun könnte man mir entgegenhalten, in der logischen Konsequenz würde das bedeuten, die Matthäus-Passion dürfe niemand singen, der nicht mit christlicher Grundhaltung an die Interpretation heranginge. Aber das darf man nicht so absolut sehen. Die Werke Bachs werden heute im sakralen wie im profanen Raum aufgeführt, sie sind Allgemeingut. Doch ich verstehe Bachs Schaffen aus seiner Zeit heraus. Wenn wir heute ein Werk Beethovens aufführen, so bemühen wir uns auch, es aus dem revolutionären Geist seiner Zeit heraus zu begreifen, die Absichten des Komponisten zu erkennen und sie bei der Wiedergabe deutlich zu machen. Genau dasselbe sollten wir bei Bach tun. Wir wissen, daß er als gläubiger Mensch und als Thomaskantor für eine christliche Gemeinde komponiert hat, und darum bin ich überzeugt, daß ich dem Werke Bachs am besten gerecht werden kann, wenn ich mich ihm von dieser Position her nähere.

Ich habe den christlichen Glaube nicht wie ein Lehrfach aufgenommen, sondern gleichsam mit der Muttermilch empfangen. Was durch Einfluß und Beispiel meiner Eltern in mir angelegt worden war, wurde gefestigt und bestätigt durch die Erziehung im Kreuzchor, insbesondere durch meinen Mentor Rudolf Mauersberger, der ein ganz überzeugter Christ war, was sich in seiner menschlichen Haltung, in seiner Lebensführung, in seinen ethischen Grundsätzen ausdrückte. Wenn eine Persönlichkeit wie Rudolf Mauersberger täglich Vorbildwirkung ausübt, wenn man ständig mit sakraler Literatur konfrontiert wird, wenn man überdies in einer christlichen Familie herangewachsen ist, so hat das bestimmenden Einfluß auf die eigene Lebensanschauung.

Doch ich trete keineswegs vor das Publikum einzig mit der Absicht, zu missionieren im Sinne eines Predigers, wie ich das geäußerten Erwartungen von Besuchern zuweilen entnehme. Mir geht es als Sänger der Evangelistenpartie in erster Linie darum, den Vorgang lebendig zu interpretieren, die Zusammenhänge des biblischen Berichts, wie Bach sie in der Passion nach dem Matthäus-Evangelium darstellt, dem Hörer so eindringlich zu vermitteln, als wäre ich gleichsam dabeigewesen.

HANS HEINRICH EGGEBRECHT

PRÄLUDIUM UND FUGE VON BACH

Das Spiel der Töne fesselt die Sinne. Wir verfolgen das Spiel in seinen Figuren und Motiven, Stimmen und Akkorden, in seiner Entfaltung und Wiederkehr, seiner Gegensätzlichkeit von Freiheit und Bindung, Themendarstellung und Zwischensatz, Steigerung und Zurücknahme, Verdichtung und Lockerung, in der rhythmischen Bewegung seiner emotionalen Impulse, die zusammen mit allem, was hier als Tonspiel geschieht, eingebunden bleiben in eine Formung, die in jedem Augenblick einer in sich stimmigen Ordnung zugehört.

Indem wir das Spiel verfolgen, werden wir zu Mitspielern, und im Mitspielen des Spiels werden und sind wir: wir selbst. Denn alles, was die Musik ist und was beim Hören der Musik unser Empfinden erreichen will, sind wir selbst. Die Sinne sind für die sinnliche Beeindruckung bereit und verlangen danach. Die Lust zum Spielen gehört zu unserem Dasein jederzeit. Bewegung und Wechsel, Entfaltung und Wiederkehr, Gegensätzlichkeit, Steigerung und Zurücknahme sind Grundkategorien des Lebens. Das Emotionale ist das unsrige. Und Ordnung ist und möchte sein überall.

Indem wir fähig sind, die Musik in uns einzulassen und aufzunehmen, uns mit ihr zu identifizieren, ist die Musik so, wie wir sein können. Und wir sind so, wenn die Musik uns so macht. Dann ist jenes alles, was wir sind, indem wir es sein können, in uns versammelt, aktualisiert, vergegenwärtigt, und anderes ist in uns nicht.

Aber im Leben draußen, sind wir so nicht, können es nicht sein, nicht so, niemals.

ALFRED EINSTEIN

WENN BACH SPRICHT, SCHEINT DIE MUSIK ZU SPRECHEN

Denn Bach läßt sich nicht nachahmen. Bach – das ist seine einzigartige Stellung – steht bei aller Persönlichkeit über dem Begriff des Persönlichen. Er ist so groß, als Vollender einer jahrhundertelangen Entwicklung, als musikalische Schöpferkraft, daß er nicht als *ein* Musiker erscheint, sondern als *der* Musiker. Sein Werk ragt in die Wolken des Überindividuellen. Man kann Instrumentales und Vokales bei ihm stilistisch nicht scheiden; beides ist aus einer einzigen Wurzel erwachsen, dem Organistischen. Man kann Kirchliches und Weltliches bei ihm inhaltlich nicht scheiden; sein Jubel für einen Fürsten ist derselbe wie sein Jubel für Gott, und die Musik einer Trauerode für einen kleinen Potentaten dient auch für eine Passion. Wenn Bach spricht, scheint die Musik zu sprechen. Das Werk aller andern Meister, ohne Ausnahme, ist willkürlich; das Bachs unwillkürlich. Bach greift nach Themen anderer Musiker, und wenn *er* sie entwickelt, zeigen sie erst ihr natürliches Wachstum. Er steht über dem Begriff „Originalität". Er steht auch, trotz seiner Orthodoxie, über dem Begriff des Konfessionellen. Er schreibt ein ideales Werk, das in keiner Kirche seinen Raum mehr findet, die „Hohe Messe"; keine katholische und noch weniger eine protestantische Schöpfung (Beethovens Missa ist viel mehr katholisch), sondern Bekenntnis zu Gott, Darstellung Gottes. Wenn er ganz frei ist, in den Inventionen und Sinfonien, in den Praeludien und Fugen des Wohltemperierten Klaviers, schafft er das zeitlose Gegenstück zur raumlosen Missa. Hier ist nichts „galant" und nichts „gelehrt". Unter lehrhaftem Deckmantel werden hier Dinge geschaffen, die für die Kunstewigkeit bestimmt sind. Keine Zeit wird mit ihnen fertig werden, und Bach wird in fünfhundert Jahren in der Musik noch so groß, dunkel, lebendig, unerschöpfbar dastehen, wie etwa Dante nach fünf- und sechshundert Jahren in der italienischen Dichtung.

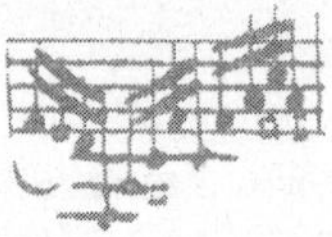

ALFRED DÖBLIN

BEMERKUNGEN EINES MUSIKALISCHEN LAIEN

Vor einiger Zeit hörte ich das Weihnachtsoratorium von Bach. In der Garnisonkirche, das ist keine Nebensache. Wir saßen, eine betende Gemeinde. Das gemalte Bild des Heilands ragte ungeheuer hinten an der Wand. Neben uns die holzgeschnitzten Logen des Kaisers, des Hofstaats; im Hintergrund Embleme von Krieg und Sieg. Die Loge war leer. Das furchtbare Gesicht des Krieges war im Raum; es war so deutlich, als drückte es sich von außen platt an die hohen dunklen Scheiben heran und ließ seine Blicke über uns schweifen. Soldaten, Offiziere saßen in Pelzen herum; schwarzgekleidete Frauen mit Kindern, Wasser tropfte von den nassen Schirmen auf die Fließen, oben sang man von den himmlischen Ereignissen. Leise bewegte sich alles zum Schlusse hinaus. Das Ganze hatte eine tiefe Wahrheit und ergriff. Ja tiefe Wahrheit. Noch einmal: tiefe Wahrheit. Das ist das Wesentliche.

Tiefe Wahrheit? Was verlangen Sie für 3,85 M. einschließlich Kartensteuer?

WILLIBALD GURLITT

GOTT ALLEIN DIE EHRE

Für Johann Sebastian Bach (jedenfalls) gründet Sinn und Sendung aller Musik, nicht etwa nur der Kirchenmusik, sondern aller geistlichen und weltlichen Sing- und Spielmusik in Gott, dem Schöpfer, nicht im Menschen, dem Geschöpf. Sie hat deshalb keinen anthropologischen, sondern einen streng *theologischen Sinn.* Bach erkennt das Wesen von Musik und Musizieren nicht vom Säkulum, vom Weltlichen und Zeitlichen, sondern vom Überweltlichen und Überzeitlichen her. So sucht die „eigentliche" Musik nicht die Ehre der Welt und der Zeit, sondern die Ehre Gottes, und zwar, wie Bach ausdrücklich sagt, ganz allein nur sie: „Soli Deo Gloria" (Gott allein die Ehre) pflegte der Meister die Handschriften seiner Werke, auch der weltlichen zu beschließen.

Ein weiterer Sinn der Musik ist diesem ersten untergeordnet. Es ist das, wie Johann Kuhnau sagt: „der Nutzen und die zulässige Vergnügung der Liebhaber", also ein Stück „irdisches Vergnügen in Gott" (Brockes), wie Bach sagt: „die zulässige Ergötzung des Gemüts". „Zulässig", das heißt, sofern die durch Musik und Musizieren bewirkte Ergötzung und Vergnügung ihr Maß und ihre Grenze an der Wirklichkeit Gottes findet, nicht im Widerspruch zur göttlichen Sendung der Musik steht. Und „Recreation", das ist die Wiederbeschaffung, die Wiedergeburt und Erneuerung des Christenmenschen aus dem Empfang der Rechtfertigung im Glauben an Jesus Christus, den Herrn, in der Gemeinschaft der Gläubigen, der Kirche Christi. Mit dem Heilsgeschehen solcher Recreation gesellt sich dem theologischen Sinn der Musik ihr *christologischer Sinn:* „Jesus juva" (Herr Jesus hilf!) pflegte der Meister an den Kopf der

Handschriften seiner Werke zu setzen. Das ist, abgesehen von mancherlei Säkularisierung solcher religiöser Begriffe, zugleich der Kern jeder christlichen Sinndeutung von Musik und Musizieren, wie sie über das Luthertum und Martin Luther, Augustinus und die Kirchenväter in das Urchristentum zurückreicht. [...]

Johann Sebastian Bachs *religiöse Grunderfahrung* von Musik und Musizieren ist keine private Angelegenheit des Komponisten, sondern eine für sein Schaffen und sein Werk verbindliche. Sie lenkt den Blick von den sinnfälligen Erscheinungen auf die letzten Dinge. Jene Grabes- und Himmelsbereitschaft, jene Abend- und Sterbestimmung, wie sie sich in den Klängen der Bachschen Kantaten und Passionen, Motetten und Gesänge ausbreitet, hat nichts mit Welt- oder Diesseitsflucht, nichts mit modernem Weltschmerz oder Nihilismus zu tun. Sie wurzelt vielmehr in dem gläubigen und getrosten Wissen um die christliche Wahrheit und Wirklichkeit einer väterlichen göttlichen Hand, die allgegenwärtig Ordnung stiftend in unser Leben eingreift. So war Bach als Weimarer Konzertmeister und Hoforganist, als er in das Organistenamt in Halle berufen werden sollte, darauf bedacht, „dem durch solche Vocation hervorblickenden göttlichen Wink zu folgen."

Deshalb mißt Bach sein Schaffen am Richtmaß nicht der menschlichen Innenwelt oder der Selbstbekundung eigenen Menschen- und Künstlertums, nicht an der Rührung des Herzens, sondern an einer die menschlichen Möglichkeiten übergreifenden Seinsordnung. Seine Musik verfängt sich nicht im Fluten von Erlebnissen und Gefühlen, nicht in der Abschilderung von Seelenzuständen, sondern sie hält sich als *objektiv bauendes Gestalten inmitten der Schöpfungsordnung als deren Abbild und Gleichnis.* So baut, ordnet, fügt und bindet der Meister den ersten bis letzten Ton, die kleinste rhythmische Figur, den geringsten Melodiezug, jeden harmonisch-klangfarblichen Reiz zur tektonischen Ganzheit des

Kunstwerks: ein Höchstmaß von Ein- und Unterordnung phantasievollster Mannigfaltigkeit zur architektonischen Einheit. Und dies alles aus rein musikalischen Mitteln. [...]

Der Musiker von heute, der durch die Romantik und den Erlebnis-Impressionismus in der Musik der jüngsten Vergangenheit hindurchgegangen ist, hat die Umdeutungen der Kunst Bachs und die Fehlurteile über sie aus dem Geist jener künstlerischen Haltungen weitgehend hinter sich gelassen. Aber wie viele Ohren, geschulte und ungeschulte, hängen noch in den liebgewordenen Hörgewohnheiten eines vergangenen Kunstwollens, das auch im modernsten Gewand sich umsonst gegen den Verdacht romantisierender Blaublümelei verwahrt. Und doch sind es Menschen weder des 19. noch des 18. oder 17. Jahrhunderts, sondern Menschen in der Gegenwart. Was vermag ihnen die Kunst Bachs heute noch zu sein und zu sagen? Es ist das Geheimnis der großen Schöpfungen der Musik, daß sie, wenn auch alt, das heißt früher einmal geschaffen, doch nicht vergangen und veraltet sind, sondern heute wie damals neu geschehen, neu vollzogen werden können. Dieses Geheimnis der schöpferischen Einmaligkeit des musikalischen Kunstwerks fordert vom Nachschaffenden und Hörenden, daß auch er es neu verwirkliche und vergegenwärtige. So vermag das Bachsche Kunstwerk in einer überzeugend entromantisierenden Gegenwärtigkeit uns heute zu ergreifen, zu erregen, zu erwärmen. Als schöpferisch Einmaliges ist das Kunstwerk zugleich wesentlich geschichtlich.

JOACHIM-ERNST BERENDT

J. S. BACH UND DER WAL

1. Januar 1993. Wir sitzen beim Frühstück auf der Terrasse des Hauses in La Palma, das wir gemietet haben – hoch über dem Meer. Zwischen uns und der Steilküste ausgedehnte Bananenplantagen. Das Rauschen der Bananenbäume verwoben mit dem Rauschen des Meeres. Was rauscht mehr – die Palmenwedel der Bananen oder das Meer?

Wir hören Johann Sebastian Bach's Kantate „Singet dem Herrn ein Neues Lied“:

„Daß du mit diesem Neuen Jahr
uns neues Glück und neuen Segen schenkest ...“

Dann die Bitte, daß

„... auf's neu
sich Fried und Treu
in unseren Grenzen küssen mögen,
so leben wir dies ganze Jahr im Segen ...“

Lächeln über die Sprache, freuen uns über die Musik und spüren die Kraft des sechsmal wiederkehrenden Kehrreims:

„Herr Gott, dich loben wir ...
Herr Gott, wir danken dir!“

Wir singen ihn mit. Ein paar Sätze tanze ich mit. Stoße den Tee dabei um.

Dann geschieht etwas kaum Glaubliches: Wir hören, erfüllt von Lob, Dank, Freude – von all den sich überstürzenden Linien, Harmonien, Klängen, die einander nicht genug tun können –, und da: unmittelbar vor uns – ein Wal! Auch aus der Ferne noch mächtig. Mehrfach auftauchend. Fontänen emporwerfend. Weiß aufschäumend. In dem Weißen – sich in die Höhe werfend, als sänge oder tanze es mit – das riesige Wesen.

Wir wohnen hier nun schon eine Weile, sind oft an dieser Küste – nie zuvor ist ein Wal gekommen – auch in den folgenden Jahren nicht. Nur am 1. Januar 1993 zu Johann Sebastian Bachs Kantate „Singet dem Herrn ein Neues Lied“!

ECKART KLESSMANN

JOHANN SEBASTIAN BACH IM HERBST

Am Abend, da es kühle ward,
Das Fugato aus Regen, Gewölk
    und scheidendem Licht.
Eine Tür fällt ins Schloß, und der Widerhall
Schießt im Gewölbe zusammen.
Auf der Orgelbank diesen Regengeschmack,
Den Modergeruch, ich trete ihn nieder
mit dem Pedal de profundis.

Bestelle dein Haus.
Und die Blasbälge schlürfen
Alles was Odem hat
In die gemischten Register.
Die beflügelten Sechzehntel
Über dem Orgelpunkt sammeln sich
Für die Flucht vor dem Winter.

Es ist der alte Bund
Der befiederten Partitur mit den
Schwarzen Krähen im kommenden Schnee,
Geistbeflügelt im Frost, schattenlos
Wie der Raben Kehllaut
Aus dem angerissenen Anschlag.
Ich habe genug.

„Ich habe bitteres Wasser getrunken,
Doch es hat mich gestillt.„
Der erste Rauhreif auf der Perücke.
Die letzen Jahre vergangen
Im tönenden Schweigen
Aus Zahl und Figur
Es ist genug. – Du hast es gewußt.

Zu ordnen, was noch geblieben,
Hinter verdüsterten Fenstern,
Die Regenchöre rufen's dir zu
Aus dem Hechtgrau der Gamben und Flöten,
Das Jahr con sordino instrumentiert,
In dem sich die Engel besprechen.
Ach, schlage doch bald.

Die erbetene Kraft für den Schlußstrich:
Bis hierher hat mich Gott gebracht,
Nichts war umsonst getan, nichts vergebens,
Nichts, was erlitten, beweint, ist verloren.
Es fällt mein Auge der Nacht anheim
Und will die ersehnte Vollendung
Nicht seinem Licht mehr vergönnen.

Streu's in den Wind, in den Regen,
Es wird dich nichts mehr berühren,
Streu's in den Morgen des letzten Tages,
Er wird dich tränenlos finden.
Wenn du gerufen wird unter den Pauken

Dein Name im Kontrapunkt verhallen:
Am Abend, da es kühle ward.

für Albrecht Goes

HERMANN HESSE

EINE KINDHEITSERINNERUNG

An Ostern hörte ich am Radio auch dies Jahr wieder die Matthäus-Passion. Diese sakrale Feier erlebe ich jedesmal etwas anders, denn bis in meine Knabenjahre zurück, wo ich das von der Mutter mitgegebene Stückchen Schokolade längst vor dem Ende des ersten Teiles schon aufgegessen hatte und die vielen Wiederholungen in den Arien und Chören, zumal im Schlußchor, nur mit Ungeduld ertrug, da ich so langem passivem Stillsitzen noch nicht gewachsen war, hat dies Erlebnis so viele Vorgänger, daß die Erinnerungen in ganzen Schwärmen kommen und einander überschneiden. Doch sind die frühen unter ihnen stets die stärksten: jene technisch unvollkommenen, von Ausführenden und Hörern aber tief erlebten Passionen in der Calwer Kirche unter der Leitung meines Onkels Friedrich, der die schönen dunklen Augen meiner Mutter hatte und in dessen Kirchenchor meine Schwestern und Basen mitsangen. Am genauesten hat mein Musikgedächtnis eine Aufführung bewahrt, bei der meine beiden älteren Stiefbrüder die Rollen des Evangelisten und des Christus sangen und bei der ich schon die Beklommenheit und Kinderungeduld jener frühesten Aufführung überwunden hatte. Es mochte bei den ungezählten späteren Passionen, die ich hörte, den Christus und den Evangelisten wer immer singen, gewisse Stellen hörte ich doch jedesmal mit den Stimmen und dem Ausdruck meiner Brüder wieder. [...]

Von allen christlichen Festen ist seit Jahrzehnten Ostern das einzige, das ich noch mit Gefühlen der Frömmigkeit und Ehrfurcht erlebe, es gehört zu diesem Fest die zage Süßigkeit des Frühlingsanfangs ebenso wie die Erinnerung an die Eltern und an das Eiersuchen unter den Fliederbüschen im Gärtchen, die Musik Bachs nicht minder als die Stimmung um die Zeit meiner Konfirmation, den Streit zwischen der Ehrfurcht vor der Frömmigkeit meiner Eltern und ersten Mißgefühlen und Einwänden gegen den formulierten und kirchlich gebundenen Glauben. Dieses Hin und Wider zwischen Ehrfurcht und Revolte klingt, über so viele Jahrzehnte hinweg, auch bei jedem Wiederhören der Bachschen Passionen leise wieder in mir an, bald wehmütig, bald ironisch betont. Meine Ehrfurcht ist dann beim Leiden Jesu, bei seinem Ringen in Gethsemane, und meine Kritik wendet sich gegen einige Stellen des Textes und namentlich gegen die Jünger. Nicht nur, daß sie schliefen, während ihr Meister einsam den letzten Kampf kämpfte! Das Schlafen war am Ende verständlich, es war verzeihlich, es kam nicht nur aus Trägheit und aus Furcht vor dem schwer Ertragbaren, es hatte auch etwas Kindliches und Naturhaftes. Aber daß der eine Jünger seinen Meister verriet, der andere, der „Fels" ihn verleugnete, und daß aus ihrem Kreise jene überhitzte, Zerwürfnis und Rangstreit nicht ausschließende Stimmung von Wundersucht, Legendenbildung und Kirchengründertum entstand, das hat mich zu gewissen Zeiten meines Lebens sehr gegen die Jünger eingenommen, und einige Male, es ist lange her, hat diese kritische Einstellung mir sogar die Feierstimmung beim Hören der Passion etwas beeinträchtigt. Als wären die Jünger in Bachs Passionen oder in den Kreuzigungsgruppen der Maler und Bildschnitzer wirklich dieselben wie die der protestantischen Dogmengeschichte und Bibelkritik! Als hätte ich nicht beim Hören des Berichts über Petri Verleugnung dessen Angst, Verwirrung und seine furchtbare Scham und Reue noch weit besser nach- und mitempfinden können als das Leben Jesu! Doch war jene Beeinträchtigung meiner Andacht durch das Mitwirken kritischer Antriebe ja nichts anderes als das Zucken in einer Narbe, die einst eine Wunde gewesen war.

KARL STRAUBE

EIN GROSSER ESSER UND TRINKER VOR DEM HERRN

An Elisabeth Straube — Leipzig, den 3. April 1918

Meine liebste Liese!
Morgen ist also Dein Geburtstag, und dieses Mal muß ich mich richtig an meinen Schreibtisch setzen, um meiner Tochter einen richtigen, wohlgestalteten Geburtstagsbrief zu schreiben. Heute fällt mir das schwer denn ich habe gestern abend mit Herrn Abendroth aus Köln und Justizrat Thiele gezecht und bin sogar – wenn ich nicht irre – mit einem kleinen Schwips nach Hause gekommen. Der Schwips hat mich aber nicht gehindert, den Gashahn ordnungsgemäß abzustellen. Aber denk einmal an – noch nicht eine Woche Thomaskantor und schon einen kleinen niedlichen Schwips; das ist doch furchtbar!! Bist Du nicht auch entsetzt? Seit Bachs Tagen hat man so etwas nicht erlebt. Seitdem sind alle Thomaskantoren würdige solide Herren; freilich, Bach selber war anders. Von dem können wir aktenmäßig nachweisen, daß er ein großer Esser und Trinker vor dem Herrn gewesen. So war der große Mann einmal in Halle, und zwar hatte er am 28. April 1716 mit dem damaligen Thomaskantor Johann Kuhnau, seinem unmittelbaren Vorgänger, und Christian Friedrich Rolle aus Quedlinburg die Orgel der Marktkirche in Halle zu prüfen. Und was haben diese drei Herren als Leibesstärkung zu sich genommen:

1 Stück Boeuf à la mode
Hechte
1 geräucherter Schinken
1 Assiette mit Erbsen
2 Assietten mit Spinat und Saucischen
1 gebratenes Schöpsen-Viertel
Gesottener Kürbis
Spritzkuchen
Eingemachte Zitronenschale
Eingemachte Kirschen
Warmer Spargelsalat
Kopfsalat
Radieschen
Frische Butter
Kälberbraten

Und dazu wurden 44 Kannen Rheinwein und vier Kannen Frankenwein getrunken.

Bach war so erschöpft von der Leistung, daß seine zitternde Hand einen dicken Klecks machte, als er den Empfang dieser Leibesnahrung auf einem Papier bestätigte. Siehst Du, Bach war in allem groß, nicht nur im Passionen-Schreiben, sondern auch im Essen und Trinken. In irgend etwas muß ich ihm doch nachstreben, und da es mit den Passionen nicht gehen wird, so will ich es denn mit Essen und Trinken versuchen.

JOACHIM KAISER

DER STURM DIESER TÖNE

Mit einer herben Mixtur aus Geistlich und Weltlich hätte man einen Mann nicht schockieren können, der die letzten siebenundzwanzig Jahre seines Lebens in Leipzig verbrachte, als Künstler immer einsamer und eigenbrötlerischer wurde, zwanzig Kinder zeugte, den Eß- und Trinkfreuden des Daseins zugeneigt schien, ein recht schwieriger, streitbarer Untergebener war und dabei wohl doch der größte, dem Geheimnis aller Harmonie nächste Komponist, den die Musikgeschichte kennt: Johann Sebastian Bach. Wohl hat auch er die Unterschiede zwischen weltlichen Tanzsätzen, konzertantem Glanz und dem spezifischen Ton eines Chorals gekannt und beherzigt. Aber seine Musik ist noch kein Opfer jener Spaltung, die im 18. Jahrhundert begann, im 19. unübersehbar und im 20. so unüberbrückbar wurde, daß es heute sakrilegisch wirkt, Heiliges und Profanes zu vermengen. Nur in *einer* späten Kunstform darf die Musik als vermittelnder Grund hinter den Reinen und den weniger Reinen stehen, um Gegensätze, die sprachlich nicht überwunden werden können, versöhnend zu umfassen: in der Oper. Die Schurken fügen sich in die Ensemble-Sätze des „Fidelio“ und des „Rigoletto“, der „Götterdämmerung“ und der „Elektra“.

In Bachs Weihnachtsoratorium sind die Gegensätze zwischen weltlichem Jubel und himmlischer Freude nicht nur überbrückt, sondern förmlich getilgt. Was die Puristen dem Werk so gern vorhalten, was seine Weihnachtlichkeit auf den ersten, gelehrten Blick zur Äußerlichkeit, zum nachträglich draufgeklebten Etikett zu machen scheint, das ist aber in Wahrheit der Sieg des weihnachtlichen Tons über den Stoff. Die Musikwissenschaft hat herausgebracht, daß mindestens zwölf der vierundsechzig Nummern des Weihnachtsoratoriums aus anderen Werken stammen, also sogenannte „Parodien“ sind. Musikstücke, die anderswo und mit anderem Text in Bachs Werk vorkommen, werden in den Weihnachtszusammenhang eingeschmolzen. Bach vollzieht da eine Oratorien-Taufe, die aus dem Heidenkind ein Christenkind macht – obwohl es scheinbar unverändert bleibt. Wenn der Hauptchoral aus der Matthäus-Passion im Weihnachtsoratorium erklingt, wenn die Arie „Kron und Preis gekrönter Damen“ nun „Großer Herr und starker König“ heißt, dann bedeutet das keineswegs, Bach habe sich bei einer solchen „Parodie“ nichts Weihnachtliches gedacht. Es heißt vielmehr: Auch diese Melodie ist weihnachtswürdig, auch der todbewußte Ton dieses Chorals gehört nun zu Weihnachten. (Denn wenn Bach mit der Instrumentation irgendeiner „parodierten“ Stelle offenbar wirklich unzufrieden war, dann hat er das geändert.)

Mit anderen Worten: die gelehrten Hinweise darauf, was original und was nicht original sei, tun so, als könne Weihnachten nichts mit der Welt gemein haben, in der es doch als Wunder geschah. Zusammenhang, Umgebung und Wahl, unverlierbares Eins-Sein zwischen himmlischer Freude und irdischen Tönen drücken sich jedoch gerade in dieser sinnlich-übersinnlichen Ehe aus. Man kann diesen Gedankengang sogar quasi kriminalistisch stützen. Bach schrieb das Dramma per Musica mit dem Titel „Tönet ihr Pauken! Erschallet, Trompeten“, dem die beiden wichtigsten Parodiesätze des Weihnachtsoratoriums entnommen sind, zum Geburtstag der Königin. Der fiel aber auf den 8. Dezember! Wer kann zu sagen wagen, ob Bach – als er in den ersten Dezembertagen eine Huldigungskantate auf seine Königin komponierte – nicht schon an weihnachtlichen Jubel dachte oder ob umgekehrt die beiden Ecksätze aus dem 1. und dem 3. Teil des Weihnachtsoratoriums nur das parodierte Echo weltlicher Freude sind? Der Unterschied wird gleichgültig. Auch im Weihnachtsfest selbst leben ja heidnische Bräuche weiter und sind angesichts des Festes gleichgültig, zumindest nicht abträglich. Und daß ein Komponist froh war, Einfälle, die in bestimmtem, „weltlichem“ Zusammenhang nur einmal verwendet werden konnten, nun geistlich-festlich zu wiederholen, das liegt, als Verwertungspraxis, nahe genug.

So also sieht das ästhetische Problem des Weihnachtsoratoriums aus, das vielen Betrachtern Mühe macht. Professor Kretzschmar, ein grundgelehrter, aller unaufrichtigen Schönrednerei sicherlich abgeneigter Mann, schrieb im Vorwort zu meinem alten Klavierauszug strenge: „Der Musik nach gehört das Weihnachtsoratorium nicht zu den gewaltigsten und originellsten Schöpfungen Bachs.“ Nun vererben sich solche Klavierauszüge und überleben ihre skeptischen Vorworte. Immer von neuem gelangen sie in die Hände junger Leute, die festlich erleuchtete Kirchen mit dem Jubel einer Weihnachtsoratoriums-Aufführung füllen und sich von der strahlenden Positivität des Chorklangs mitreißen lassen. Noten, die ihren zweihundertsten Geburtstag längst hinter sich haben, werden in Leben verwandelt. Wenn man den jungen, teilnahmsvollen Sopranstimmen zuschaut – die Haut ist frisch, das Kleid etwas simpel, tut die Sängerin dann dreißig Jahre später als zuverlässiger Alt immer noch mit, dann ist die Haut etwas weniger frisch, das Kleid dafür etwas weniger simpel –, dann spürt man etwas von der Beständigkeit großer Musik. Gewiß, ihre Sprache ist nicht ganz leicht, steht außerhalb des Getriebes, will begriffen sein. Doch was zunächst Mühe macht, erweist sich sogleich als Schutz. Jene Bedrohungen, denen das längst in jedes Haushaltsbudget, jede industrielle Apparatur, jede private Überlegung einkalkulierte Weihnachtsfest immer mehr ausgesetzt ist – sie versinken wie Staub vor dem Sturm dieser Töne. [...]

Die Passionen

Evangelist: Da antwortete nun der Landpfleger und sprach zu ihnen
Pilatus: Welchen wollt ihr unter diesen zweien, den ich euch soll losgeben?
Evangelist: Sie sprachen
Coro I. II: Barabbam!

Diesen folgenreichsten Volksentscheid der Weltgeschichte erwarten Jahr für Jahr in der Osterzeit die Bewunderer, Liebhaber oder Verehrer der Matthäus-Passion von Johann Sebastian Bach mit lustvollem Grauen. Erschütterung, Neugier und Gewohnheit mischen sich. Man weiß, es müßte die Kirche oder der Konzertsaal eigentlich zusammenfallen, wenn dieser wüste Fortissississimo-Akkord erklingt; man fürchtet, daß wieder einmal die Wirkung der Stelle gefährdet werde durch den zu frühen Einsatz irgendeines übereifrigen Chorsängers, der es gar nicht erwarten kann, den nicht ganz leicht zu treffenden Einsatzton herauszuschreien und Barabbas zur Freiheit zu verhelfen.

So ertönen die Passionsmusiken alljährlich. Nach vier Stunden ist die Passion vorbei, und man geht heim. Der Christus war vielleicht etwas zu opernhaft, weil er sich noch vorgestern bei Wagner verströmt hat, sagen die Musikalischen; daß im Schlußchor von höchstem Vergnügen die Rede ist, irritiert zumindest diejenigen, die bis zum Ende zu voller Aufmerksamkeit fähig waren; aber der Moment, wenn Petrus nach dem Hahnenschrei hinausgeht und bitterlich weint, war doch wieder einmal ergreifend. Der junge neue Evangelist sang das beinahe so schön wie Haefliger, meinen die einen, wie Peter Pears, die anderen, wie Karl Erb, die Älteren …

Denn auch Passionsmusik wird, eben als Musik, nicht zelebriert, sondern gesungen, „gespielt". Sie ist mithin, wie alles, was

Menschen tun, dem Mißverständnis, der Abnutzung, der Verflachung, der Wiederholungsroutine unterworfen, wird zum Gegenteil von Kunst, zur Gewohnheit. Alle wahrhaft unlösbaren Probleme sind, auch, banal. Soll man, nur weil zum Wesen des Erlebens auch die Abnützung gehört (gehören kann, gehören muß), auf jene festen Wiederholungsordnungen verzichten, mit denen der Homo sapiens sich wehrt gegen das strukturlose Verrinnen der Zeit? ... „des Geheimnisses Feierkleid ist das Fest, das wiederkehrende, das die Zeitfälle überspannt und das Gewesene und Zukünftige seiend macht für die Sinne des Volks. Das Wunder, daß im Feste immer das Menschliche aufgärte und unter Zustimmung der Sitte unzüchtig ausartete, da darin Tod und Leben einander erkennen?“

Nur fanatischer Radikalismus könnte aufs Wiederholungsrisiko verzichten und damit auf die festliche Struktur geordneter Zeit: weil selbst bester Kunstwille allzu oft nicht genügt und selbst reiner Glaube noch lange nicht garantiert für reine Töne. Soll man Werke wie die großen Bachschen Passionsmusiken also lieber ruhen lassen, wenn man nicht wirklichen Aufführungsgelingens sicher ist, und statt dessen ausweichen auf immer wieder anderes, Neues? Auf die schönen Passionen von Schütz, zum Beispiel, oder auf die näherliegenden Werke Modernerer?

OSKAR LOERKE

NACH EINER ORGELMUSIK VON J. S. BACH

Alles versank. – Er steigt wieder aus den Gedanken,
Und ich steige wieder auf den Berg aus Leid,
Der meine Welt ist,
Der in die Zeiten wie die Zeit
Unverrückbar gestellt ist.

Meine Füße wanken.
Steil durch eisigen Spukes Gehetz
Steige ich auf,
Denn eine Ewigkeit weiter auf den Knauf
Führt mein Gesetz.
Mein Gang schmilzt den Eisweg, dick umdampft er mich
    in chaotischen Lichtern,
Puffendes Bildwerk, drehn Menschenjahrhunderte in den
    rauchenden Trichtern.

Sie spielen durcheinander, sie wühlen,
Gemahlener Dunst auf zwielichten Mühlen,
Chaos wieder, verfallen sie alle,
Irdnes, Metalle,
Kräfte, Öle, Elixiere,
Minerale, bunte Getiere.
Ich will zum Gipfel: ich weiß, er ist leer,
Und hinter dem Gipfel der Gipfel mehr.

Meine letzte Stunde will sich neigen,
Und ich werde immer noch steigen und steigen
Auf diesen eisigen Berg aus Leid,
Weil der meine Welt ist,
Die in die Zeiten wie die Zeit
Unverrückbar gestellt ist.

YEHUDI MENUHIN

UNVERKENNBAR BACH

Bachs Musik läßt sich leichter als jede andere in jede beliebige Aufführungsart übertragen. Von Jazzbands gedudelt, gesungen, gepfiffen und auf Nasenflöten geblasen – sie bleibt immer und unverkennbar Bach. Das einzige, was sie nicht verträgt, ist eine Verzerrung ins Sentimentale oder Romantische. Aus diesen Gründen ist das Klavier, seinem Wesen nach ein romantisches Instrument, für Bachsche Musik problematisch. Man muß vorsichtig zu Werke gehen. Aber es geht, wie man an den Aufnahmen von Glenn Gould erkennt. Wenn der Geiger vom Klavier zum Cembalo als Begleitinstrument überwechselt, wird ihm klar, daß er dabei seinen Stil völlig ändern muß. Er muß zu einer Spielart zurückfinden, die tatsächlich authentischer ist. Ich brauche immer Stunden, um mich umzustellen. Beim Zusammenspiel mit dem Cembalo braucht man eine völlig andere Tonqualität: Man muß auf intensives Vibrato und starken Ansatz verzichten, weil beides den Charakter dieser Musik verletzt, die in tiefer Gläubigkeit wurzelt. Bachs Musik leistet solchen Umsturzversuchen Widerstand. Ihre intellektuelle Vielschichtigkeit wehrt alle Manipulationsversuche ab. Ebensowenig läßt sie sich ins allzu Sinnliche pervertieren.

Wenn man Bach spielt – oder auch Corelli, Händel und Purcell –, muß der Ton eine Qualität zurückgewinnen, die man mit dem Stimmklang von Chorknaben in Verbindung bringen könnte: eine hohe, reine Tonfarbe. Bach war natürlich alles andere als ein Puritaner – man sollte Reinheit nicht mit Purität verwechseln. Seine Musik vermittelt eine leidenschaftliche Erregung, die aber durch ihre Beständigkeit über alles hinausgeht, was wir romantisch nennen. So die Einleitung der g-Moll-

Sonate für Violine solo oder der e-Moll-Satz aus der E-Dur-Sonate mit Cembalo: Beispiele für eine von Anfang bis Ende durchgehaltene Stimmung. Welch ein Unterschied zu romantischer Musik, die stets Kontraste fordert, die wechselt zwischen heroisch und zärtlich, aufgewühlt und nachdenklich, freudvoll und leidvoll. Bach hält eine Stimmung einen ganzen Satz durch. Seine Musik hat ein eigenes Zeitmaß – wie die Volksmusik, die mittelalterliche Musik oder die Improvisationen klassischer indischer Musiker über einen Raga.

Bach ist oftmals zutiefst bewegend und leidenschaftlich, aber er schildert keine persönlichen Leidenschaften und will auch keine persönlichen Überzeugungen übermitteln. Er spricht für das Menschliche und Zeitlose: Liebe, Seele sub specie aeternitatis. Bachs Geist läßt sich nur mit dem eines Einstein vergleichen.

An der Musik von Bach, aber auch der aller Klassiker – ich denke hier besonders an Komponisten wie Corelli – ist das Besondere, daß die Wirkung der Musik um so stärker ist, je begrenzter und damit durchsichtiger die Ausdrucksmittel sind. Mit anderen Worten – beim Spielen dieser Musik ergibt sich ein zentrales Paradox: Je weniger Gefühl der Spieler oder Interpret ausdrücken oder hineininterpretieren will, um so mehr Gefühl wird übertragen, vorausgesetzt, die Proportionen stimmen und Tonqualität sowie Interpretation sind richtig. Und vorausgesetzt natürlich, der Interpret besitzt ein Gespür für diese Dimension des Überpersönlichen.

Bach ist für mich immer der beste Prüfstein für die Ehrlichkeit eines Geigers. Wenn ich höre, wie ein Geiger in romantischen Fingersätzen auf der G-Saite schwelgt, nur um des Klanges willen, die Stimmen ungeachtet ihrer kontrapunktischen Eigenheiten durcheinanderbringt und romantische Effekte hervorzaubert, die mit Bach nichts zu tun haben, dann weiß ich, daß er auf dem Holzweg ist, sei er technisch auch noch so perfekt. Wer das tut, nimmt der Musik ihre Eigentlichkeit; er unterwirft sie persönlichen Gefühlen und beraubt sie ihrer Allgemeingültigkeit.

EDUARDO CHILLIDA

IMMER DERSELBE UND IMMER ANDERS

Ich liebe die Musik. Die zwei Meister, die meine Arbeit am meisten beeinflussen, sind das Meer und Johann Sebastian Bach.

Bach ist immer derselbe und immer anders. Er hat einen unglaublichen Reichtum an Varianten, die alle sehr verschieden und doch nahe beieinander liegen – wie die Wellen des Meeres.

QUELLENNACHWEIS

- Ausländer, Rose: Bachfuge. Aus: Im Ascheregen die Spur deines Namens. Gedichte und Prosa 1976. © S. Fischer Verlag GmbH, Frankfurt/Main 1984. Text von Seite: 45
- Berendt, Joachim-Ernst: J. S. Bach und der Wal. In: Das Leben – ein Klang. Wege zwischen Jazz und Nada Brahma. © 1996 Droemer Knaur Verlag, München. Text von Seite: 443f.
- Biermann, Wolf: Dies Stück ist meins. Aus: Der Sturz des Dädalus von Wolf Biermann. © 1992 by Verlag Kiepenheuer & Witsch. Köln. S. 188–189, 191–192
- Bobrowski, Johannes: J. S. Bach. In: Die Gedichte. © Deutsche Verlagsanstalt. Stuttgart 1998. S. 149
- Casals, Pablo: Die Quintessenz aller Musik. Aus: Licht und Schatten auf einem langen Weg. Erinnerungen aufgezeichnet von Albert E. Kahn. © S. Fischer Verlag GmbH. Frankfurt/Main, 1971. Text von Seite: 31f.
- Caspers, Claus: Mysterium Bach. Aus: Mysterium Musik. Die abendländische Tradition aus spiritueller Sicht: von Bach bis Messiaen. Aryas Verlag. Uhldingen-Mühlhofen 1991. S. 73–78, 80–82.
- Chillida, Eduardo: Gruß – saludo. In: Anita Beloubek-Hammer: Eduardo Chillida, Hommage à Johann Sebastian Bach. Kupferstichkabinett Berlin, Sammlung der Zeichnungen und Druckgraphik. Berlin 1998. Text von: Frontispiz
- Chillida, Eduardo: Immer derselbe und immer anders. In: Anita Beloubek-Hammer: Eduardo Chillida, Hommage à Johann Sebastian Bach. Kupferstichkabinett Berlin, Sammlung der Zeichnungen und Druckgraphik. Berlin 1998. Text von Seite: 84
- Cioran, E. M.: Musikalischer Gottesbeweis. Aus: Von Tränen und Heiligen. © Suhrkamp Verlag Frankfurt am Main 1988. S. 13, 41f.
- Colombara: An einen ORGELMEISTER. In: Im trigonalen Ton. Der neuen Gedichte zweiter Teil. © Graphikum. Göttingen 1987. Text von Seite: 41
- Daube, Otto: Vor deinen Thron tret' ich hiermit. In: Das Leben des wohledlen und hochachtbaren hochberühmten Herrn Johann Sebastian Bach, © R. Brockhaus Verlag, Wuppertal, 1984. Text von Seite: 318–321
- Dilthey, Wilhelm: Nichts Menschliches war ihm fremd. In: Von deutscher Dichtung und Musik. B. G. Teubner Verlagsgesellschaft, Stuttgart, Vandenhoeck & Ruprecht in Göttingen. 1957. Text von Seite: 206f., 209–210

- Döblin, Alfred: Bemerkungen eines musikalischen Laien (1920). In: Kleinere Schriften I. © 1985 Walter Verlag, Düsselfdorf und Zürich. Text von Seite: 266
- Eggebrecht, Hans H.: Präludium und Fuge von Bach. So wir sind und niemals sein werden. In: Die Musik und das Schöne. © Piper Verlag GmbH, München 1997. S. 15
- Einstein, Alfred: Wenn Bach spricht, scheint die Musik zu sprechen. In: Von Schütz bis Hindemith. Essays über Musik und Musiker. Pan. Zürich 1957. Text von Seite: 35f.
- Furtwängler, Wilhelm: Der Homer der Musik. In: Ton und Wort. Aufsätze und Vorträge 1918 bis 1954. Atlantis Musikbuchverlag, Zürich, 1995. Auszüge aus S. 214–217; 219–220 (in der Ausgabe des Brockhaus Verlags, Wiesbaden, 1982)
- Gadamer, Hans-Georg: Bach und Weimar. In: Gesammelte Werke. © J. C. B. Mohr (Paul Siebeck). Tübingen 1979. S. 76–81
- Goll, Yvan: Fuge von Bach. In: Die Lyrik in vier Bänden. Band II. Liebesgedichte 1917–1950, hg. u. kommentiert v. Barbara Glauert-Hesse im Auftrag der Fondation Yvan et Claire Goll, Saint-Dié-des-Vosges. © 1996 Argon Verlag GmbH, Berlin, Text von Seite: 216–217. Alle Rechte bei und vorbehalten durch Wallstein Verlag Göttingen
- Green, Julien: Sechzig Jahre mit Bach. In: Tagebücher (I-V). © List Verlag, München 1991–1995.
- Gurlitt, Willibald: Gott allein die Ehre. In: Musikgeschichte und Gegenwart. Eine Aufsatzfolge. Teil 1. © Franz Steiner Verlag Wiesbaden GmbH, Stuttgart 1966.
- Gustafsson, Lars: Die Stille der Welt vor Bach. In: Ein Vormittag in Schweden. Ausgewählte Gedichte. © Carl Hanser Verlag. München/Wien 1998. S. 125
- Harnoncourt, Nikolaus: Die Matthäus-Passion – ein aufregend neues Werk. In: Zur ersten Aufführung der Matthäus-Passion durch den Concentus Musicus. In: N. H., Der musikalische Dialog. Gedanken zu Monteverdi, Bach und Mozart. © 1984 Residenz Verlag, Salzburg und Wien. Text aus Seite 100–103 (in der Deutscher Taschenbuch Verlag Ausgabe, 1987).
- Henze, Hans Werner: Johann Sebastian Bach und die Musik unserer Zeit. Aus: Bach-Preis 1983 an Hans Werner Henze. Veröffentlichung der Freien und Hansestadt Hamburg 1983. beim Autor
- Henze, Hans Werner: Der Gottesmann Bach. In: Reiselieder mit böhmischen Quinten. Autobiographische Mitteilungen 1926–1995. © Hans Werner Henze 1996. Alle Rechte vorbehalten S. Fischer Verlag GmbH, Frankfurt/Main. Text von der Seite: 25f.
- Hesse, Hermann: Eine Kindheitserinnerung. In: Musik. © Suhrkamp Verlag. Frankfurt/Main 1986. Text von Seite: 158 (Aus einem Brief vom Juli 1933 an

Fanny Schiler), 159 (Aus einem Brief vom Frühjahr 1934 an Carlo Isenberg), 198f. (Aus den „Notizblättern um Ostern", 1954)

- Hesse, Hermann: „Diese Musik ist Tao", aus: Musik. © Suhrkamp Verlag Ffm. 1986, S. 158–159; „Eine Kindheitserinnerung", ebd., S. 198f.
- Hildesheimer, Wolfgang: Der ferne Bach – klar doch unerklärbar. Aus: Gesammelte Werke, Band VII, © Suhrkamp Verlag Frankfurt am Main 1991. S. 219–220, 235
- Hindemith, Paul: Bachs späte Melancholie, Rede Hindemiths für die Bachfeier 1950. In: Aufsätze-Vorträge-Reden. Hrsg. von Giselher Schubert. © Atlantis Musikbuch-Verlag, Zürich 1994. Text von Seite: 266–269, 270
- Jena, Günter: „Das gehet meiner Seele nah" – Bachs Mathäuspassion. Piper. München/Zürich 1993. S. 9–10, 14, 17–18, 317
- Kagel, Mauricio: Bach mit Heiligenschein. In: Worte über Musik. Piper Verlag GmbH, München 1991. S. 195–197
- Kaiser, Joachim: Der Sturm dieser Töne. In: Erlebte Musik – von Bach bis Strawinsky, Hoffmann und Campe Verlag, Hamburg 1977, beim Autor. Ausschnitt aus dem Kap. „Das Weihnachtsoratorium": S. 23 (Mitte) – 25 (Mitte); Kap. „Die Passionen": S. 29–30
- Kleßmann, Eckart: Johann Sebastian Bach im Herbst. In: Über Bach. Von Musikern, Dichtern und Liebhabern. Eine Anthologie. Philipp Reclam jun., Stuttgart 1992, © Hans Werner Henze. Text von Seite: 97f.
- Koopman, Ton: Wir sind doch nur Bachs dumme Schüler (Interview). In: Fono Forum 4/95. Text von Seite: drei kurze Ausschnitte aus den Seiten 42–46
- Loerke, Oskar: J. S. Bach spielt Orgel bei Nacht; Widmung zu den kleinen Tanzstücken J. S. Bachs; Nach einer Orgelmusik von J. S. Bach. Aus: Die Gedichte. © Suhrkamp Verlag Frankfurt am Main 1984, S. 110f., 111f., 112
- Maier, Hans: Der „ganz andere" Bach. In: Caecilia unter den Deutschen. © Insel Verlag Frankfurt am Main 1998. S. 48–50, 56–57
- Menuhin, Yehudi: Unverkennbar Bach. In: Lebensschule, hrsg. v.Christopher Hope. © der dt. Übersetzung: Piper Verlag GmbH, München 1987, S. 97–99
- Menuhin, Yehudi: Bachs Handschrift. In: Über Bach, Von Musikern, Dichtern und Liebhabern. Hrsg. von Eckart Kleßmann. Insel. Frankfurt 1958. (Philipp Reclam jun. Stuttgart 1992). Text von Seite: 5–8.
- Menuhin, Yehudi: Bach ist ein Mystiker. In: Die Freude liegt im Unvorhersehbaren. Gespräche mit David Dubal, © Piper Verlag GmbH, München, 1996, S. 15
- Rihm, Wolfgang: Bestechende Tradition. In: ausgesprochen. Schriften und Gespräche, Bd. 1, hrsg. von Ulrich Mosch, Veröffentlichungen der Paul Sacher Stiftung, Bd. 6,1, Winterthur: Amadeus 1997, S. 213, 214, 216, 217–219, 230

- Schaezler, Karl: Tänzerische Musik – arithmetischer Hintersinn. In: Hochland, Monatszeitschrift begründet von Carl Muth, hrsg. von Franz Josef Schöningh, 43. Jahrgang, 1950/51. S. 496–497, 499
- Schmidt, Helmut: Bach ist nicht Geschichte, sondern Gegenwart und Zukunft. Aus: Ansprache eines Musikfreundes. © Mit Genehmigung MUSIKVERLAG HANS SIKORSKI, Hamburg 1985.
- Schostakowitsch, Dimitrij: Tiefe Menschlichkeit und wahrer Humanismus. In: Bericht über die Wissenschaftliche Bachtagung der Gesellschaft für Musikforschung. Leipzig 23. bis 26. Juli 1950. Hrsg. von Walther Vetter und Ernst Hermann Meyer. © Edition Peters. Leipzig. S. 458–460
- Schreier, Peter: Engagement, Bekenntnis und Besinnung. In: Aus meiner Sicht, Gedanken und Erinnerungen. Paul Zsolnay Verlag. Wien/Hamburg 1983. Auszug aus Kapitel „Bach – lebendig musiziert„S. 90–91, © Verlagsanstalt Union, Dresden
- Schweitzer, Albert: Musik, die unsere Seele stille und reich macht; Musik als Gottesdienst. In: Aufsätze zur Musik. Hrsg. von Stefan Hanheide. © by Bärenreiter Verlag, Kassel/Basel 1988
- Straube, Karl: Ein grosser Esser und Trinker vor dem Herrn. In: Briefe eines Thomaskantors. © K. F. Koehler. Stuttgart 1952. Text von Seite: 38f. (An Elisabeth Straube), 228 (An Richard Engländer), 229f. (An Christoph Hohfeld)
- Was ist mir Johann Sebastian Bach und was bedeutet er für unsere Zeit? in: „Die Musik", V. Jahr, Heft 1, Erstes Oktoberheft, hrsg. von Kapellmeister/Bernhard/Schuster, Schuster und Loeffler, Berlin und Leipzig, 1905/1906
- Weizsäcker, Richard: Musik gibt von der Seele Nachricht. Internationales Musikfest Stuttgart 1985, Ansprache bei einer Festveranstaltung in der Liederhalle in Stuttgart (21. Sept. 1985). In: Reden und Interviews (2). Presse- und Informationsamt der Bundesregierung. Bonn 1986. Text von Seite: 56, 57 (halbe Seite), 60–61, 66–67 (ins. 10 Zeilen)
- Zuckmayer, Carl: Bachfuge. Aus: ders., Gedichte. © S. Fischer Verlag GmbH, Frankfurt am Main, 1977, S. 48
- Zweig, Stefan: Die metaphysische Gewalt der Musik. In: ders., Zeiten und Schicksale. Aufsätze und Vorträge aus den Jahren 1902–1942. © S. Fischer Verlag GmbH, Frankfurt am Main, 1990, S. 154f.

Anmerkung des Verlages:
Wir danken den Verlagen und Rechteinhabern für die Erteilung der Abdruckgenehmigungen. Bei einigen Texten war es trotz gründlicher Recherchen nicht möglich, die Inhaber der Rechte ausfindig zu machen. Honoraransprüche bleiben bestehen.